알기 쉽고 재미있는

중앙 한국어 워크북

3

알기 쉽고 재미있는
중앙 한국어 워크북 3(상·하)

초 판 1쇄 인쇄 2018년 6월 1일
수정판 3쇄 발행 2021년 12월 10일

저 자 | 이찬규 외
책임 편집 | 이훈, 조윤희, 이혜선, 차준우, 이찬희
발 행 | 중앙대학교
등 록 | 제14-1호(등록일: 1977. 8. 31.)
주 소 | 서울 동작구 흑석로 84
전 화 | (02)820-6137
전 송 | (02)822-5495

판매처 | (주)태학사
등 록 | 제406-2020-000008호
주 소 | 경기도 파주시 광인사길 217
전 화 | 031-955-7580
전 송 | 031-955-0910
전자우편 | thspub@daum.net
홈페이지 | www.thaehaksa.com

값은 뒤표지에 있습니다.

ISBN 978-89-7207-897-5 04710
978-89-7207-894-4 04710(set)

알기 쉽고 재미있는

중앙 한국어 워크북

3

상

차 례

1과 새 집은 살 만해요? · 7
2과 궁금한 건 뭐든지 물어보세요 · 13
3과 책을 많이 읽는 모양이군요 · 19
4과 음식을 남기지 마시오 · 25
5과 전혀 살찌지 않았어요 · 31
6과 여기가 청계천이야 · 42
7과 산의 매력에 푹 빠질 거예요 · 50
8과 아이들이 집에서 뛰어놀곤 해요 · 57
9과 그 맛에 빠져 버렸어요 · 64
10과 명절은 기대되면서도 부담돼요 · 70

정답지 · 85

1과 새 집은 살 만해요?

I. 어휘 연습

전세	월세	보증금	하숙	자취
세입자	계약서	수리비	난방 / 냉방	보일러
편의 시설	남향	현관	벽지	젖다
지저분하다	세놓다	유의하다		

1) 지난주에 ____________이/가 고장 나서 수리했어요.

2) 집수리를 한 후 ____________은/는 집주인이 냈어요.

3) ____________은/는 매달 집주인에게 집세를 내는 거예요.

4) 새로 이사할 집이 너무 어두워서 ____________을/를 밝은 색으로 바꿀 거예요.

5) 나는 여러 친구들과 함께 학교 근처에 집을 구해서 __________을/를 하고 있어요.

6) 전셋값이 올라가면 가장 걱정이 많은 사람이 ____________이에요/예요.

7) 이사하기 전에는 지하에 있는 방이라 어두웠는데 오늘 이사한 집은 ____________이라 밝고 따뜻해요.

8) 그 집은 ____________ 500만 원에 월세가 30만 원이에요.

9) ____________(으)로 이사할 경우 월세로 이사할 때보다 더 많은 돈이 필요해요.

10) 나는 친구 집 ____________에서 인사를 하고 나왔어요.

11) 여름에 학교 앞 식당에 갔는데 ____________이/가 잘 되어 있어서 시원했어요.

12) 이사한 집 주변에 ____________이/가 많이 있어서 대만족이에요.

13) 옆방에 있는 친구가 이사를 가서 집주인이 그 방을 다른 사람에게 __________.

14) 이사를 하기 전에 집주인과 함께 ____________을/를 작성해야 해요.

15) 우산이 없어서 옷이 비에 ____________.

16) 시험 보기 전에 ____________해야 할 것이 많아요.

17) 자취보다 _________이/가 비싸지만 요리도 주인아주머니께서 해 주셔서 편해요.

18) 나는 방 청소를 잘하는 편인데 친구는 정리를 잘하지 않아서 방이 __________.

MEMO

Ⅱ. 문법과 표현

1. 대N // 소N

보기

단어의 수도 많고 설명이 자세한 사전: 대사전

1) 큰 규모의 청소 ______________________

2) 할머니, 할아버지 등 많은 식구가 함께 사는 가족 ______________________

3) 직원 수가 많고 큰 기업 ______________________

4) 음식을 보통 사람보다 적게 먹는 사람 ______________________

5) 대형차, 중형차보다 작은 차 ______________________

2. A/V-(으)니 // N(이)니

보기

그 식당에 손님이 많아요. 그 식당을 가기 전에 예약을 하고 가세요.

➡ **그 식당은 손님이 많으니 가기 전에 예약을 하고 가세요.**

1) 밖이 추워요. 목도리를 하고 가세요.

➡ ____.

2) 내일이 시험이에요. 오늘은 컴퓨터 게임을 하지 마세요.

➡ ____.

3) 오늘은 바빠요. 주말에 만나요.

➡ ____.

4) 형이 수학 선생님이에요. 형에게 어려운 문제를 물어보세요.

➡ ____.

5) 오늘 많이 걸었다. 집에서 좀 쉬세요.

➡ ____.

3. V-(으)ㄹ 만하다

1) 가: 어제 빌려 준 책은 다 읽었어요? 어렵지 않아요?
   나: 내용이 조금 어렵지만 ______________.

2) 가: 집에서 학교까지가 너무 멀어서 다니기 힘들겠어요?
   나: 아니에요. 조금 멀지만 음악을 들으면서 오기 때문에 ______________.

3) 가: 이사한 집은 어때요?
   나: 방이 작지만 ______________.

4) 가: 컴퓨터가 너무 느려서 사용하기 불편하시죠?
   나: 인터넷을 하는 게 아니라서 ______________.

5) 가: 어제 본 영화 어땠어요?
   나: 배우 연기가 조금 별로였지만 ______________.

살다	보다	읽다	다니다	사용하다

4. A/V-는지 알다 / 모르다 // N인지 알다 / 모르다

1) 가: 수술을 시작한 지 몇 시간이나 지났어요?
   나: 저도 지금 와서 수술 시작한 지 몇 시간 ______________.

2) 가: 유미 씨가 이번 대학입학 시험에 합격했어요?
   나: 유미 씨와 연락한 지 오래돼서 ______________.

3) 가: 이 여행 코스가 좋아요?
   나: 글쎄요. 저도 이렇게 여행을 안 가봐서 ______________.

4) 가: 언제 방학을 ______________ 알아요?
   나: 이번 주 금요일에 해요.

5) 가: 어느 분이 우리 담임선생님이신지 아세요?
   나: 아니요. 저도 누가 ______________.

하다	좋다	지나다	합격하다	담임선생님이다

III. 듣기 연습

01 다음 대화를 듣고 (   )에 쓰십시오.

집을 구할 때 중요한 것이 무엇일까요? 지금부터 집을 구할 때 (   ) 할 것들을 말씀드리겠습니다. 우선, 집의 방향은 햇빛이 잘 들어오는 (   )이 좋습니다. 그리고 주위에 (   )이 많이 있어야 합니다. 예를 들어, (   ) 체육센터나 (   ) 공원이 있으면 좋습니다. 또한 수도나 난방 시설도 잘 보아야 합니다. 물이 잘 나오고 고장이 없는지 확인해야 합니다. 이사한 후에 수도나 난방 시설이 고장이 났을 때에는 집주인에게 말해야 합니다. 그러면 집주인이 고쳐 줄 것입니다. 지금까지 말씀 드린 것은 계약할 때 (   )에 적는 것이 좋습니다. 마지막으로 계약을 하기 전에 (   ), 보증 기간, 전세, (   ) 금액에 대해 반드시 확인해야 합니다.

MEMO

02 다음 대화를 듣고 (　　　　)에 쓰십시오.

(초인종 소리 – 딩동딩동)

학생(여): 안녕하세요. 아래층에 새로 이사한 학생인데요. 주인아저씨 계세요?

주인(남): 학생, 무슨 일이에요? 무슨 문제가 있어요?

학생(여): (　　　　　　)가 고장이 난 것 같아요.

(　　　　　　)도 안 되고 뜨거운 물도 안 나와요.

주인(남): 그럼 같이 내려가 봅시다.

(잠시 후)

학생(여): 들어오세요. 보일러를 켰는데 방이 따뜻하지 않아요. 집에 있으면 추워요.

주인(남): 정말 춥네요. 언제부터 그랬어요?

학생(여): (　　　　　　) 됐어요. 보일러가 오래된 거 아니에요?

주인(남): 아니에요. 집수리하면서 새로 산 보일러예요. 다른 방 보일러는 문제가 없는데 이상하네요. 요즘 날씨가 추워서 학생이 더 힘들겠어요.

학생(여): 네, 밤에는 전기장판을 (　　　　　　) 잤어요.

주인(남): 그래요? (　　　　　　　　　　　　). 미안해요.

(　　　　　　　　　　)에 전화해서 빨리 고쳐 줄게요.

전기장판

2과 궁금한 건 뭐든지 물어보세요

I. 어휘 연습

피해	중고	품절	기사	고객
설치비	무책임	반응	배송	추가
통신	포인트	베스트셀러	보상하다	적립하다
설치하다	지연되다	모시다		

1) 인기 제품은 ____________이/가 되기 쉬우니까 빨리 구입하세요.

2) 저희 쇼핑몰은 친절한 미소로 ____________님을 모시겠습니다.

3) 연휴 때문에 주문한 물건의 ____________이/가 늦어지고 있어요.

4) 지난 방학 때 부모님을 ____________ 한국 여행을 했어요.

5) 그는 깜짝 놀랄 만한 소식을 들었는데 ____________이/가 없었어요.

6) 자취하는 학생들은 냉장고, 세탁기를 ____________(으)로 사는 게 좋아요.

7) 제품 설명서를 봐도 ____________ 줄 몰라서 수리 센터 기사를 불렀어요.

8) 가전제품이 고장 나면 수리 ____________이/가 와서 고쳐 줘요.

9) 주문한 음식이 부족해서 ____________(으)로 1인분을 더 시켰어요.

10) 약속한 시간 내에 배송이 안 되면 물건 값의 두 배로 ____________.

11) 이 에어컨은 신제품이라 비싸기 때문에 ___________은/는 무료예요.

12) 오늘 서점에서 요즘 제일 잘 팔리는 ___________을/를 샀어요.

13) 인터넷에서 산 물건의 배송이 ___________ 때에는 택배 회사에 전화해 보세요.

14) 집 근처 백화점에서 자주 쇼핑해서 ___________이/가 많이 쌓였어요.

15) 지난 번 태풍으로 많은 ___________이/가 있었어요?

16) 저는 책임감이 없는 ___________한 사람을 좋아하지 않아요.

17) 한국의 대표적인 ___________ 회사는 SK와 KT와 LG예요.

18) 항공사에서 ___________ 포인트를 마일리지라고 해요.

MEMO

Ⅱ. 문법과 표현

1. 무N // 유N

1) 저는 우리 반 반장처럼 자신이 해야 할 일을 하지 않는 ________한 사람을 싫어해요.

2) 왜 그렇게 ________한 얼굴을 하고 있어요? 좀 웃으세요.

3) 요즘은 가정에서 ________ 전화기보다 ________ 전화기를 많이 써요.

4) 이 일에는 경험이 전혀 없는 사람보다 ________이/가 좋아요.

5) 요즘 부모님이 저에게 ________하신 것 같아서 기분이 안 좋아요.

무책임	무관심	유경험자	무표정	유선 / 무선

2. A/V-든지 A/V-든지

1) 가: 어떤 영화를 보고 싶어요?
   나: ________________ 아무 영화나 괜찮아요.

2) 가: 오늘 저녁에 무엇을 하고 싶어요?
   나: ________________ 다 좋아요.

3) 가: 친구들을 집에 초대했는데 어떤 음식을 준비하면 좋을까요?
   나: ________________ 맛있는 게 좋겠지요.

4) 가: 어떤 사람과 결혼하고 싶어요?
   나: ________________ 능력 있는 사람과 결혼을 하고 싶어요.

5) 가: 주말에 어디에 가면 좋을까요?
   나: ________________ 경치가 좋은 곳으로 가면 좋겠어요.

한식 / 양식	키가 크다 / 작다	가깝다 / 멀다
공포 영화 / 코미디 영화	술을 마시다 / 차를 마시다	

3. A/V-(으)ㄴ 척하다 / 체하다 // N인 척하다 / 체하다

1) 가: 집에 혼자 있을 때 누가 찾아오면 어떻게 해요?

나: 집에 사람이 ______________.

2) 가: 사람들이 그 여자를 왜 싫어해요?

나: 귀엽지도 않은데 ______________ 싫어해요.

3) 가: 사람들과 말하기 싫을 때는 어떻게 해요?

나: 그럴 때는 음악을 ______________.

4) 가: 왜 그 사람에게 화를 냈어요?

나: 제가 부탁한 것을 그 사람이 못 ______________ 화를 냈어요.

5) 가: 방송국에 가보고 싶은데 들어갈 수 있을까요?

나: 방송국 ______________하면 돼요.

직원	듣다	없다	듣다	귀엽다

4. V-기가 무섭게 / 바쁘게

1) 가: 엄마가 조금 전에 여기 계셨는데, 어디 가셨어요?

나: 잘 모르겠어요. 전화를 ______________ 나가셨어요.

2) 가: 그 제품이 벌써 다 팔렸어요?

나: 네, 인기가 좋아서 ______________ 품절되었어요.

3) 가: 왕명 씨는 어디에 갔어요?

나: 부산에 ______________ 친구 집에 갔어요.

4) 가: 동생이 안 보여요. 어디 갔어요?

나: 학교 ______________ PC방에 갔어요.

5) 가: 아까 과자가 많았는데 다 어디로 갔어요?

나: 아이들이 집에 ______________ 다 먹었어요.

오다	받다	끝나다	도착하다	들어오다

III. 듣기 연습

01 다음 대화를 듣고 (   )에 쓰십시오.

가: 여보세요? 거기가 (   ) 가전제품을 파는 곳이지요?

제가 자취생인데 가전제품이 좀 필요해서요.

나: 어떤 물건이 필요하세요? 뭐가 (   ) 다 구해 드릴 수 있어요.

가: 냉장고, 세탁기, 전자레인지가 필요해요. 가격이 어느 정도예요?

나: 싼 것부터 비싼 것까지 다 있어요. 우선 한번 와서 보세요.

가: 네, 그러면 거기 (   )를 좀 말씀해 주시겠습니까?

나: 학교 정문에서 (   ) 슈퍼마켓이 있는 쪽으로 들어오세요. 100미터쯤 오면 왼쪽에 있어요. 괜찮은 물건은 (   ) 팔리니까 빨리 와 보는 게 좋을 거예요.

가: 네, 알겠습니다. 지금 바로 가겠습니다.

전자레인지

02 다음 대화를 듣고 (　　　　)에 쓰십시오.

가: 친절히 (　　　　　　　　　). 중앙 통신입니다. 무엇을 도와드릴까요?

나: 저는 어제 이사 온 유학생이에요. 인터넷을 (　　　　　　　) 싶은데 어떻게 해요?

가: 먼저 성함과 주소, (　　　　　　)를 알려 주세요. 기사님이 전화드리고 방문할 겁니다.

나: 인터넷 상품에는 어떤 것이 있는지 알려 주세요.

가: 인터넷만 되는 상품도 있고 인터넷과 텔레비전, 전화가 다 되는 상품도 있어요.

나: 텔레비전이나 전화는 필요 없으니까 (　　　　　　　)만 설치해 주세요.

가: 그런데 인터넷만 (　　　　　　　) 모두 다 (　　　　　　　) (　　　　　　　)는 (　　　　　) 내셔야 합니다.

나: 알겠습니다. 기사님은 지금 바로 오실 수 있어요?

가: 오늘은 안 되고요. 내일 방문하실 겁니다. 몇 시쯤이 좋으십니까?

나: 오후보다는 (　　　　　　　)이 좋아요. 가능하면 일찍 와 주시면 좋겠어요.

가: 네, 기사님께 그렇게 말씀드리겠습니다. 그리고 요즘 판매원들 때문에 집에 아무도 (　　　　　　　　　) 분이 많습니다. 기사님을 확인하시고 문을 열어 주십시오.

나: 네, 알겠습니다. 그럼 잘 부탁드리겠습니다.

MEMO

3과 책을 많이 읽는 모양이군요

I. 어휘 연습

대출	반납	연장	연체	열람실	입실
퇴실	자세	조명	소문	공중도덕	찢다
눕다	엎드리다	흔들리다	깜박하다	놓치다	맡기다

1) 이번 주에 고향에 가게 되어서 우리 집 강아지를 내 친구에게 ___________.

2) 최신 노트북 컴퓨터를 55만 원에 살 수 있는 단 한 번의 기회.
이 기회를 ___________ 마세요.

3) 오늘 아침에 지진이 나서 건물이 많이 ___________.

4) 지하철은 많은 사람들이 이용하는 곳이니 ___________을/를 잘 지켜야 해요.

5) 성주 씨! 우리 이제 같이 다니지 맙시다. 우리가 항상 같이 다니니까 애인 사이로 ___________이/가 났어요.

6) 책을 읽을 때는 어두운 곳보다는 밝은 곳이 눈 건강에 좋으니 ___________을/를 좀 더 밝은 것으로 바꿔야겠어요.

7) 성주야, 앉아서 텔레비전 봐. 누워서 보면 ___________이/가 나빠져.

8) 어제 출입국관리사무소에 가서 비자를 ___________했어요.

9) 지난주에 대출한 책을 언제까지 ___________해야 해요?

10) 대출한 책을 한 달 동안 ___________하면 연체료를 내야 해요.

11) 어제까지 도서관에 책을 반납해야 했는데 ______________.

12) 책을 도서관에서 ______________하는 것을 처음 해 보았는데 어렵지 않았어요.

13) 도서관 ______________에서 전화를 받거나 음식을 먹으면 안 돼요.

14) 도서관 ____________ 시간이 몇 시이고, ____________ 시간이 몇 시인지 알아요?

15) 도서관에서 빌린 책에 글씨를 쓰거나 책을 ______________ 안 돼요.

16) 책을 읽을 때 눕거나 ______________ 보면 허리에 안 좋으니까 의자에 앉아서 읽으세요.

MEMO

Ⅱ. 문법과 표현

1. V-았/었다가

1) 가: 어제 구두를 샀어요?
   나: 구두를 ______________ 마음에 안 들어서 환불했어요.

2) 가: 감기에 걸렸으면 소파에 좀 누워서 쉬세요.
   나: 아까 1시간쯤 ______________ 일어났어요. 고마워요.

3) 가: 어제 산 노란색 티셔츠를 왜 안 입었어요?
   나: ______________ 나이에 안 맞는 것 같아서 다른 옷으로 갈아입었어요.

4) 가: 영화표를 예매했어요?
   나: 공포 영화라서 ______________ 취소했어요.

5) 가: 어제 명동에서 쇼핑 많이 했어요?
   나: 명동에 ______________ 사람이 너무 많아서 그냥 집으로 왔어요.

가다	입다	눕다	사다	예매하다

2. A/V-(으)ㄴ/는 모양이다 // N인 모양이다

1) 가: 빨리 시작했으면 좋겠는데, 왜 시작을 안 할까요?
   나: 아, 이제 ______________. 사회자가 나오고 있어요.

2) 가: 이 영화관에 왜 이렇게 사람이 없어요?
   나: 영화가 ______________.

3) 가: 유미 씨는 통화하면서 왜 계속 웃을까요?
   나: 남자 친구랑 ______________.

4) 가: 성주 씨가 어젯밤을 새워 공부했어요.
   나: 오늘이 ______________.

5) 가: 성주 방이 왜 이렇게 조용해요?
   나: 어제 잠을 못 잤으니까 피곤해서 ______________.

시험	자다	재미없다	통화하다	시작하다

3. V-기에 앞서(서) // N에 앞서(서)

1) 서비스 센터에 ____________________ 전원이 들어오는지 먼저 확인해 봅시다.

2) 이번 ____________________ 주의해야 할 사항을 말씀드리겠습니다.

3) 회의를 ____________________ 오늘 회의에 참석하신 분들을 소개해 드리겠습니다.

4) 승객 여러분, ____________________ 안전벨트를 매 주시기 바랍니다.

5) ____________________ 검사를 하겠습니다.

여행	치료	출발하다	시작하다	전화하다

4. N을/를 통해(서)

1) 가: 유미 씨는 좋아하는 가수의 소식을 어떻게 알아요?
나: ____________________ 가수의 소식을 알아요.

2) 가: 제인 씨는 어제 축구 경기를 보지 않았는데 누가 이겼는지 어떻게 알아요?
나: ____________________ 들었어요.

3) 가: 결혼 정말 축하해요. 그런데 어디서 저렇게 예쁜 신부를 만났어요?
나: ____________________ 만났어요.

4) 가: 이렇게 예쁜 강아지를 어디에서 구했어요?
나: ____________________ 구했어요.

5) 가: 성주 씨는 날씨에 대해 항상 잘 알고 있는데 어디에서 그 정보를 알아요?
나: ____________________ 오늘의 날씨를 알아요.

소개팅	친구	제 남편	일기예보	애완동물 가게

Ⅲ. 듣기 연습

01 다음 대화를 듣고 (   )에 쓰십시오.

여러분은 책을 읽을 때 어떤 (   )로 읽으세요? 책을 읽는 것은 우리의 마음을 살찌게 하는 일이지만, 책을 읽는 (   )나 책을 읽는 자세가 나쁘면 건강이 나빠질 수도 있습니다.

먼저 버스와 같이 많이 (   ) 곳에서는 책을 읽지 않는 것이 좋습니다. 물론 걸으면서 책을 읽는 것도 좋지 않습니다. 그리고 어두운 곳보다는 (   ) 곳이 눈에 더 좋습니다.

책을 읽는 자세는 책과 눈의 거리를 25~30cm 정도로 하고 의자에 앉아서 읽는 것이 좋습니다. 눕거나 (   ) 읽으면 허리에 좋지 않습니다.

그리고 오랫동안 독서를 할 경우에는 중간 중간에 (   )을 하는 것이 좋고 식사하는 중이나 식사한 후 바로 책을 읽지 않는 것이 좋습니다.

MEMO

02 다음 대화를 듣고 (   )에 쓰십시오.

마이클(남): 수미 씨, 왜 공부를 안 하고 나왔어요?

수 미(여): 공부하러 열람실에 (   ) 옆 사람이 자꾸 시끄럽게 해서 나왔어요.

마이클(남): 어떻게 했는데요?

수 미(여): 옆에 앉은 남자랑 계속 이야기하고 웃고…….

마이클(남): 둘이 도서관에서 데이트를 (   ).

수 미(여): 그런 모양이에요. 데이트를 왜 열람실에서 (   ).

마이클(남): 열람실 들어가기 전에 저 이용 규칙을 안 (   ).

'(   )에서 대화 금지'라고 쓰여 있는데요.

수 미(여): 그런데 어떻게 하죠? 내일 시험이 있어서 공부해야 하는데…….

마이클(남): 우선 들어가서 공부해요. 또 시끄럽게 하면 저한테 문자 보내세요. 제가 얘기해 줄게요.

수 미(여): 고마워요. 그런데 다른 (   ) 이야기하면 그 사람들 기분이 더 나쁠 것 같아요. 또 떠들면 제가 이야기할게요.

MEMO

4과 음식을 남기지 마시오

I. 어휘 연습

외식	뷔페	식단	양	질
인공 조미료	위생	만족도	의견	벌금
인상(을) 쓰다	붐비다	한산하다	넉넉하다	줄이다
적당하다	개선되다	나아지다	한턱내다	마음먹다

1) 학생 식당 아주머니는 항상 ______________을/를 쓰고 계셔서 사람들이 불편해해요.

2) 매일 집에서만 먹다가 오랜만에 ______________을/를 하니까 정말 즐거워요.

3) 학생 식당의 여러 가지 단점이 많이 ______________면 좋겠어요.

4) 이 백화점의 고객 ______________은/는 아주 높은 편이에요.

5) 우리 반은 지각하면 ______________을/를 내기로 했어요.

6) 이번 명절에는 ______________ 이용권을 선물로 받았어요.

7) 학교 앞 식당은 ______________ 상태가 너무 안 좋아서 다시는 가고 싶지 않아요.

8) 학생 식당의 일주일 ______________을/를 봤는데 지난주하고 똑같아요.

9) 요즘 몸무게를 ______________(으)려고 자전거도 타고 다이어트도 해요.

10) 장학금을 타면 꼭 친구들에게 ______________ 거예요.

11) 지금은 사람들이 많아서 복잡하니까 나중에 ___________ 때 다시 와 주세요.

12) 며칠 후면 입학시험이니까 잠을 줄이면서 열심히 하기로 ___________.

13) 친절하고 맛있는 가게에는 항상 손님들로 ___________.

14) 그 식당은 음식에 _________을/를 너무 많이 넣어서 사람들이 잘 가지 않아요.

15) 문화체험 때 필요할 수도 있으니까 돈을 ___________게 가지고 오세요.

16) 환자의 상태가 조금씩 ___________ 있으니까 너무 걱정하지 마세요.

17) 저는 음식을 먹을 때 많은 _____보다 음식의 _____을/를 더 중요하게 생각해요.

18) 김 선생님은 학생의 작은 _________에도 언제나 관심을 가져서 학생들이 좋아해요.

19) 음식을 먹을 때는 __________게 먹는 것이 좋아요. 너무 많이 먹으면 체해요.

MEMO

Ⅱ. 문법과 표현

1. N에다가

1) 내 친구는 ___________에다가 중국어까지 잘해서 정말 부러워요.

2) 콜라에 중독된 사람은 ___________에다가 밥을 넣어 먹기도 해요.

3) 택배 아저씨, 집에 아무도 없으니까 물건을 ___________에다가 놓아 주세요.

4) 휴지는 ___________에다가 버리세요.

콜라	문 앞	영어	쓰레기통

2. A/V-(으)므로 // N이므로

1) 바람이 ________________ 옷을 따뜻하게 입어야 합니다.

2) 그 사람은 믿을 만한 ________________ 함께 일을 해도 좋습니다.

3) 그 길은 밤에는 ________________ 너무 늦게 다니지 마십시오.

4) 모든 선생님이 인정하는 ________________ 반장 일도 잘할 겁니다.

5) 여러분도 모두 지난주에 ________________ 앞으로는 지각하지 맙시다.

학생	사람	차갑다	위험하다	약속하다

3. V-(으)시오 // V-지 마시오

1) **[전시회]** ____________________.

2) **[버스]** 손잡이를 꼭 ____________________.

3) **[도서관]** 음식물을 가지고 ____________________.

4) **[횡단보도 앞]** 정지선을 ____________________.

5) **[문]** ____________________.

잡다	손대다	지키다	들어오다	손조심하다

4. A/V-지 않으면 안 되다 // A/V-지 않아도 되다

1) 가: 여보, 왜 전화했어요?
   나: 갑자기 집에 일이 생겨서 당신이 일찍 ____________________.

2) 가: 배가 안 고픈데 지금 안 먹어도 돼요?
   나: 아니요, 이따가 밥 먹을 시간이 없으니까 지금 ____________________.

3) 가: 물이 뜨겁지 않아도 되죠?
   나: 아니요, 커피를 타서 먹을 거니까 ____________________.

4) 가: 다 함께 있을 때 약속했으니까 그 사람에게 전화를 안 해도 되지요?
   나: 네, 그 사람은 약속을 잘 지키니까 ____________________.

5) 가: 시간이 늦었는데 지금 샤워를 안 해도 되죠?
   나: 시간이 늦었고 피곤하니까 ____________________.

먹다	오다	뜨겁다	샤워하다	전화하다

III. 듣기 연습

01 다음 대화를 듣고 ( )에 쓰십시오.

오늘은 학생 식당의 ( )에 대해서 학생들과 선생님의 의견을 들어 보겠습니다. 먼저 남학생의 의견입니다.

남학생: 지난 학기와 비교하면 많이 ( ) 아직도 아주머니들이 많이 불친절하십니다. ( ) 쓰지 말고 웃으시면 좋겠고 음식의 양도 좀 ( ) 주시면 좋겠습니다.

다음은 여학생의 의견입니다.

여학생: 아침, 점심, 저녁의 ( )이 거의 똑같습니다. 이름만 조금 바뀌었고 음식은 비슷합니다. 메뉴가 좀 다양해지고 음식의 ( )도 개선되면 좋겠습니다.

마지막으로 선생님의 의견입니다.

선생님: 최근에 가격이 올랐는데도 ( ) 상태가 나아지지 않았습니다. 그리고 음식에 인공 조미료를 넣지 않거나 ( ) 좋겠습니다.

02 다음 대화를 듣고 (   )에 쓰십시오.

학생 식당 이용에 대한 남녀 학생의 생각을 들어 보겠습니다.

남학생: 학생 식당은 무엇보다 싼 (   ) 양까지 많으니 정말 (   ) 이에요. 그리고 오늘은 무슨 요리를 해서 먹을까, 이런 고민을 (   ) 좋아요. 특히, 나는 혼자서 먹는 것을 무척 싫어해요. 그런데 학생 식당은 친구들과 같이 먹을 수 있어서 나 같은 사람한테 아주 좋아요. 많은 사람들 속에서 밥을 먹으면 기분도 좋아져요. 그래서 나는 학생 식당을 자주 이용해요.

여학생: 나는 요리하는 것을 좋아해요. 그렇지만 기숙사 생활을 하기 때문에 요리를 전혀 할 수 없어요. 그래서 어쩔 수 없이 학생 식당을 (   ). 그런데 학생 식당은 늘 비슷한 (   ) 음식도 입에 안 맞아서 요즘은 거의 안 가요. (   ) 것도 싫어서 가끔 (   ) 때만 가는데 보통은 편의점에서 김밥이나 빵을 사 먹거나 가끔 학교 밖에서 (   )을 하는 편이에요.

MEMO

5과 전혀 살찌지 않았어요

I. 어휘 연습

과식	편식	후식	비만	부상	열풍
맨손체조	체중	몸무게	창피하다	흔하다	속상하다
빠지다	쓰러지다	조절하다	늘다	도전하다	추천하다

1) 어제 밥을 먹은 후 ________________(으)로 과일을 먹었어요.

2) 친구들과 축구를 하다가 ________________당해서 병원에 입원했어요.

3) 내 친구는 비만이라서 식사량을 적당하게 ________________ 있어요.

4) 어렸을 때는 ________________하지 말고 잘 먹어야 해요.

5) 여름에는 수박이 ________________.

6) 태풍 때문에 가로수가 ________________.

7) 동생이 대학에 떨어져서 ________________.

8) 운전면허 시험에 벌써 다섯 번 떨어져서 너무 ________________.

9) 유미 씨가 뚱뚱했는데 요즘 살이 너무 많이 ________________ 깜짝 놀랐어요.

10) 요즘에는 누구나 다 다이어트를 해요. 정말 다이어트 ________________예요/이에요.

11) 운동을 처음 하는 사람은 ______________같이 가벼운 운동부터 시작해야 돼요.

12) 체중이 많이 ________________ 다이어트를 하려고 해요.

13) 요즘 어린이들은 인스턴트 음식을 많이 먹어서 _______________이/가 많아요.

14) 오늘 ________________해서 소화가 잘 안 되네요. 소화제를 사야겠어요.

15) ________________을/를 줄이기 위해서 밥을 적게 먹고 운동을 하기로 했어요.

16) 저는 너무 소극적이라서 적극적으로 새로운 일에 _____________ 사람이 부러워요.

17) 성주 씨는 책임감이 강하니까 성주 씨를 반장으로 ________________.

MEMO

Ⅱ. 문법과 표현

1. N당하다

1) 짝사랑하는 여자에게 데이트 신청했는데 ________________.

2) 내가 친구에게 여러 번 이야기를 했는데 내 친구는 듣지 않아요.
________________ 것 같은 기분이 들어요.

3) 성주 씨는 한 달 동안 매일 지각을 해서 회사에서 ________________.

4) 제가 가장 믿은 친구에게 ________________ 마음이 너무 아파요.

무시	배신	해고	거절

2. -이/히/리/기-

1) 가: 요즘 어떤 옷이 잘 ________________?
나: 이 옷이 잘 ________________. 디자인이 좋거든요.

2) 가: 지금 이 영화는 어떤 상황이에요?
나: 도둑이 경찰에게 ________________ 있어요. 조금 후에 도둑이 잡힐 것 같아요.

3) 가: 이 수족관에 있었던 작은 물고기들이 없네요. 어떻게 된 거예요.
나: 작은 물고기가 큰 물고기에게 ________________.

4) 가: 왜 그래요? 불안해 보여요.
나: 밖에서 이상한 소리가 ________________.

5) 가: 전화를 그렇게 끊으면 어떻게 해요?
나: 아니에요. 제가 끊은 게 아니라 저절로 ________________.

끊다	팔다	쫓다	먹다	듣다

3. V-(으)ㄹ 뻔하다

1) 어제 버스를 타려고 뛰어가다가 ________________.

2) 휴대 전화를 받으면서 운전하다가 ________________.

3) 맨손체조를 하지 않고 심하게 운동을 하다가 ________________.

4) 시험 보는 날 교실을 못 찾아서 시험을 ________________.

5) 버스를 기다리면서 게임을 하다가 버스를 ________________.

놓치다	다치다	못 보다	넘어지다	사고 나다

4. V-고자

1) 선생님께 대학 입학에 대해 ________________ 찾아왔습니다.

2) 이번 학기에는 꼭 ________________ 노력하고 있습니다.

3) 한국에서 해야 할 일을 모두 끝낸 후에 ________________ 합니다.

4) 졸업해서 좋은 선생님이 ________________ 꾸준히 노력하고 있습니다.

5) 우리는 약속 시간보다 일찍 ________________ 집에서 일찍 출발했다.

되다	귀국하다	상담하다	도착하다	합격하다

피동(-이/히/리/기-)

피동: 주어의 행동이 다른 사람의 행동 때문에 이루어지거나 주어가 직접 한 것이 아니라 다른 일이나 사람 때문에 그런 상황이 됐을 때 사용한다.

[능동] 경찰이 도둑을 **잡았어요.** ➡ **[피동]** 도둑이 경찰에게 **잡혔어요.**

나뭇가지가 바람에 **꺾였다.**

쥐가 고양이에게 **잡혔다.**

왕명이 벌레에 **물렸다.**

닭이 개에게 **쫓겼다.**

1.

능동		피동
N_1이/가 N_2을/를 V	➡	**N_2이/가 N_1에게 V + -이/히/리/기-**
경찰이 도둑을 잡았어요.	➡	도둑이 경찰에게 잡혔어요.
고양이가 쥐를 쫓고 있어요.	➡	쥐가 고양이에게 쫓기고 있어요.

✉ 이 형태로 많이 쓸 수 있는 동사는 '쫓기다, 먹히다, 잡히다, 안기다, 읽히다' 등이 있다.

2.

능동		피동
N을/를 V	➡	**N이/가 V + -이/히/리/기-**
시끄러운 음악을 들어요.	➡	시끄러운 음악이 들려요.
제가 전화번호를 바꿨어요.	➡	제 전화번호가 바뀌었어요.

✉ 이 형태로 많이 쓸 수 있는 동사는 '들리다, 보이다, 바뀌다, 막히다, 팔리다, 풀리다, 끊기다, 열리다, 잠기다, 닫히다' 등이 있다.

3.

능동		피동
N_1에 N_2을/를 V	➡	**N_2이/가 N_1에 V + -이/히/리/기- + -아/어 있다**
벽에 시계를 걸었어요.	➡	시계가 벽에 걸려 있어요.
책상 위에 가방을 놓았어요.	➡	가방이 책상 위에 놓여 있어요.

✉ 이 형태로 많이 쓸 수 있는 동사는 '쓰이다, 놓이다, 쌓이다, 걸리다' 등이 있다.

-이-	바꾸다 바뀌다	전화번호를 바꾸었어요. 전화번화가 **바뀌었어요**.
	보다 보이다	여기에서 남산을 보아요. 이 호텔에서 남산이 잘 **보여요**.
	놓다 놓이다	책상 위에 가방을 놓았어요. 가방이 책상 위에 **놓여** 있어요.
	쌓다 쌓이다	벽돌을 쌓아요. 밖에 눈이 **쌓여** 있어요.
	쓰다 쓰이다	책에 이름을 써요. 책에 이름이 **쓰여** 있어요.
	잠그다 잠기다	문을 잠가요. 문이 **잠겨** 있어요.
-히-	막다 막히다	교통사고가 나서 경찰이 길을 막아요. 출근 시간이라서 길이 **막혀요**.
	잡다 잡히다	고양이가 쥐를 잡았어요. 쥐가 고양이에게 **잡혔어요**.
	먹다 먹히다	큰 물고기가 작은 물고기를 먹었어요. 작은 물고기가 큰 물고기에게 **먹혔어요**.
	닫다 닫히다	엄마가 문을 닫았어요. 문이 **닫혔어요**.
	묻다 묻히다	땅에 쓰레기를 묻었어요. 땅에 보물이 **묻혀** 있었어요.
	뽑다 뽑히다	내가 나무를 뽑았어요. 태풍 때문에 나무가 **뽑혔어요**.

-리-	팔다 팔리다	옷을 팔아요. 이 옷이 잘 팔려요.
	걸다 걸리다	벽에 시계를 걸었어요. 시계가 벽에 걸려 있어요.
	열다 열리다	왕명이 문을 열었어요. 문이 열렸어요.
	듣다 들리다	방에서 노래를 들어요. 밖에서 시끄러운 소리가 들려요.
	물다 물리다	모기가 아기를 물었어요. 아기가 모기에게 물렸어요.
	풀다 풀리다	내가 운동화 끈을 풀었어요. 운동화 끈이 풀렸어요.
-기-	끊다 끊기다	전화를 끊었어요. 전화가 갑자기 끊겼어요.
	감다 감기다	기도하려고 눈을 감았어요. 졸려서 눈이 감겼어요.
	안다 안기다	엄마가 아기를 안고 있어요. 아기가 엄마에게 안겨 있어요
	쫓다 쫓기다	경찰이 도둑을 쫓아요. 도둑이 경찰에게 쫓겨요.
	찢다 찢기다	동생이 내 공책을 찢었어요. 내 공책이 찢겼어요.

피동사 연습

※ 〈보기〉와 같이 피동 표현을 활용하여 문장을 완성해 봅시다.

> **보기**
>
> 경찰이 도둑에게 <u>쫓겨요</u>.

1) 선생님이 칠판에 글씨를 작게 쓰면 잘 안 ____________.

2) 여름에 모기한테 자주 ____________.

3) 차가 많아서 길이 ____________.

4) 겨울에 눈이 많이 와서 눈이 ____________.

5) 휴대폰을 바꾸면서 전화번호가 ____________.

6) 바람이 불어서 문이 큰 소리를 내면서 ____________.

7) 세일을 해서 잘 안 ____________은/는 물건을 다 팔았다고 해요.

8) 청소를 안 하면 바닥에 먼지가 ____________.

9) 선생님이 크게 말하면 교실 뒤에서도 잘 ____________.

10) 몸이 안 좋아서 밥이 잘 안 ____________.

11) 제 방에서 창문을 열면 창밖으로 산이 ____________.

12) 엘리베이터에 탔어요. 문이 ____________.

13) 옛날에는 타자기를 많이 썼어요. 하지만 요즘은 타자기가 거의 ____________.

14) 시험이 쉬운 것 같은데요. 문제가 잘 ____________.

15) 경찰이 도둑을 잡아요. 도둑이 경찰에게 ____________.

16) '열림' 버튼을 누르면 엘리베이터 문이 ____________.

17) 눈이 나빠서 안경을 안 쓰면 잘 안 ____________.

III. 듣기 연습

01 다음 대화를 듣고 (   )에 쓰십시오.

성 주: 사오리 씨, 요즘 한국에 다이어트 (   )이 정말 대단한 것 같아요.

사오리: 네? 다이어트 열풍이요? 그게 뭐예요?

성 주: 지금 다이어트가 큰 유행이라는 말이에요.

사오리: 정말이요? 제 주위에는 다이어트 하는 사람이 한 명도 없는데…….

성 주: 하하, 사오리 씨 친구는 모두 날씬하시군요. 제 친구들은 거의 대부분 다이어트를 하고 있어요. 지금 안 하는 사람들도 다이어트를 하고 싶어 해요.

사오리: 그래요? 남자들도 많이 해요?

성 주: 당연하죠. (   )이 되면 (   )에 걸리기가 쉬워요.
그래서 (   ) 때문에 다이어트를 하고 싶어 해요.

사오리: 아아, 그렇군요. 그럼, 혹시 성주 씨도 다이어트를 하고 싶어요?

성 주: 저는 벌써 하고 있어요. (   )를 시작한 지 얼마 안 되었어요.

사오리: 와아, 정말이요?

성 주: 네, (   ) 않으면서 다이어트를 할 수 있으니까 참 좋아요.
사오리 씨에게 (   )해 주고 싶네요.

MEMO

02 다음 대화를 듣고 (   )에 쓰십시오.

진나(여): 왕명 씨, 저 얼마 전부터 다이어트를 시작했어요.

왕명(남): 진나 씨는 전혀 살이 (   ) 않았어요. 그런데 왜 다이어트를 하지요?

진나(여): 왕명 씨는 아무 것도 몰라요.
제가 요즘 (   )가 얼마나 많이 (   ).

왕명(남): 진나 씨는 걱정이 너무 많아서 문제예요. 진나 씨 지금 모습이 아주 보기 좋아요.

진나(여): 어머나, 왕명 씨는 듣기 좋은 말만 하시네요. 왕명 씨 말씀은 잘 알겠어요. 하지만 저는 더 예뻐지고 싶거든요.

왕명(남): 더 예뻐지고 싶은 마음은 저도 이해해요. 하지만 (   )를 심하게 하면 건강이 안 좋아질 수도 있어요. 그러니까 적당히 하셔야 해요.

진나(여): 네, 알아요. 그런데요, 왕명 씨…….

왕명(남): 네, 진나 씨, 왜 그러세요?

진나(여): 사실은요……, 저 (   ) 학원에 등록했지만 지금까지 한 번밖에 못 갔어요.
꾸준히 운동을 하는 게 쉬운 일이 아니에요.

왕명(남): 하하하, 그럼요, 당연하지요, 진나 씨. 게으르면 다이어트를 실패하게 돼요.

진나(여): 네, 다이어트도 중요하지만 (   )을 이기는 것도 중요하겠어요.

왕명(남): 그걸 알았으면 벌써 진나 씨의 다이어트도 반은 (   )한 거예요.

6과 여기가 청계천이야

I. 어휘 연습

공사	도시 계획	냇가	시냇물	면적	대규모
성과	상가	문화유산	하수도	솜씨	미혼/기혼
끊임없이	화창하다	놀랍다			

1) 내가 좋아하는 가수가 주말에 ____________ 콘서트를 해요.

2) 요즘 학교가 ____________ 중이라서 너무 시끄럽네요.

3) 컴퓨터를 사고 싶으면 용산의 전자 ____________에 가십시오.

4) 지금까지의 ____________에 만족하지 않고 더 열심히 노력하겠어요.

5) 그 신도시는 ____________이/가 잘 되어 있어서 살기가 편해요.

6) 우리의 아름다운 ____________을/를 잘 지켜야 해요.

7) 그 가수는 어릴 때부터 꿈을 위해 ____________ 노력했어요.

8) 다 쓴 물을 버리는 곳을 ____________(이)라고 해요.

9) 오늘은 맑고 구름이 하나도 없는 ____________ 날씨예요.

10) 하와이가 제주도보다 ____________이/가 더 넓어요.

11) 왕명 씨는 정말로 놀라운 노래 ___________을/를 가지고 있어요. 저는 그래서 왕명 씨가 가수인 줄 알았어요.

12) 김 과장님은 결혼한 줄 알았는데 아직 ___________(이)시군요.

13) 계곡에 가면 맑은 ___________ 소리를 들을 수 있어요.

14) 세탁기도 없고 수도도 없는 옛날에 우리 조상들은 ___________에서 빨래를 했어요.

15) 왕명 씨는 짧은 시간에 ___________ 솜씨를 보여 주어서 사람들이 모두 박수를 쳤어요.

MEMO

Ⅱ. 문법과 표현

1. A/V-아/어 // N(이)야

1) 가: 여기가 어디야?
   나: 여기는 ________________.

2) 가: 비가 ________________.
   나: 그래, 우산을 가져가야겠어.

3) 가: 진나야, 선물 정말 ________________.
   나: 유미야, 생일 축하해.

4) 가: 그 분이 누구야?
   나: ________________.

5) 가: 어제 본 영화 재미있었어?
   나: 아니, ________________.

오다	경복궁	고맙다	재미없다	김 선생님

2. A/V-니?/냐? // N(이)니?/(이)냐?

1) 가: 왕명, 숙제 다 ________________?
   나: 응, 조금 전에 다 했어.

2) 가: 지금 어디 ________________?
   나: 학교에 가고 있어.

3) 가: 유미의 남자 친구가 ________________?
   나: 응, 내가 어제 봤는데 영화배우처럼 멋있어.

4) 가: 생일이 다음 주 ________________?
   나: 응, 다음 주 월요일이야.

5) 가: 유미야, 오늘 시험이 끝나니까 기분이 ________________?
   나: 응, 시험이 끝나서 기분이 아주 좋아. 우리 쇼핑하러 갈까?

좋다	가다	하다	월요일	멋있다

3. V-자

1) 가: 카페가 문을 닫았네.

나: 그럼 우리 다른 곳에 ______________________.

2) 가: 유미야, 내일 같이 대학로에서 연극을 ______________________.

나: 안 돼. 이번 주에 시험이 있어.

3) 가: 빨리 이 일을 ______________________.

나: 그래, 빨리 하고 집에 가자.

4) 가: 이제 그만 떠들고 열심히 ______________________.

나: 좋아. 이번 시험은 꼭 잘 볼 거야.

5) 가: 오늘 저녁에 뭐 먹을까?

나: 불고기를 ______________________.

먹다	하다	가다	보다	공부하다

4. V-아/어(라)

1) 가: 아이고, 담배 냄새! 담배 좀 그만 ______________________.

나: 죄송해요. 엄마, 안 피울게요.

2) 가: 엄마, 요즘 체중이 많이 는 것 같아요.

나: 그럼 ______________________.

3) 가: 얘들아, 왜 이렇게 시끄럽니? ______________________.

나: 할아버지, 친구들이 와서 그래요. 지금부터 조용히 할게요.

4) 가: 얘, 진나야. 저녁 준비 됐다. 빨리 ______________________.

나: 네, 엄마. 지금 가요.

5) 가: 유미야, 늦었으니까 빨리 학교에 ______________________.

나: 잠깐만요. 책을 찾고 있어요.

가다	오다	피우다	운동하다	조용히 하다

반말

1. 평서문

가다	현재	가요	가
	과거	갔어요	
	미래	갈 거예요	
듣다	현재	들어요	들어
	과거	들었어요	
	미래	들을 거예요	

		모음으로 끝난 경우		자음으로 끝난 경우	
이다	현재	가수예요	가수야	학생이에요	학생이야
	과거	가수였어요		학생이었어요	
아니다	현재	가수가 아니에요		학생이 아니에요	
	과거	가수가 아니었어요		학생이 아니었어요	

2. 의문문

가다	현재	가요?	가 / 가니 / 가냐?
	과거	갔어요?	
	미래	갈 거예요?	
듣다	현재	들어요?	
	과거	들었어요?	
	미래	들을 거예요?	

3. 청유문

청유문				
	긍정	-자	가다 먹다	
	부정	-지 말자	가다 먹다	

4. 명령문

명령문				
	긍정	-아/어 -아/어라	가다 먹다	
	부정	-지 마 -지 마라	가다 먹다	

III. 듣기 연습

01 다음 대화를 듣고 (　　　　)에 쓰십시오.

마이클(남): 여보세요, 유미니? 나 마이클이야.

유　미(여): 그래, 마이클. 청계천에 잘 (　　　　　　　)?

마이클(남): 아니, 아직 도착하지 못했어. 조금 이상해서 전화했어.

유　미(여): 응? 뭐라고? 무슨 문제가 있어?

마이클(남): 응, (　　　　　　　) 4번 출구로 나와서 계속 걸어왔거든. 그런데 계속 가도 (　　　　　　　)이 보이지 않아.

유　미(여): 음- 그거 정말 이상하네. 마이클, 옆에 걸어가는 사람한테 청계천이 어디인지 한 번 물어봐.

(잠시 후)

마이클(남): 아이고, 내가 역을 잘못 내렸네. 여기 (　　　　　　　)이야. (　　　　　　　)이 비슷해서 시청역인 줄 알았어.

유　미(여): 하하하, 그럴 수도 있지, 뭐. 다행히 신촌역에서 시청역까지는 가까워. 2호선 타고 아마 네 정거장만 가면 될 거야.

마이클(남): 정말 고마워, 유미야. 지금 다시 (　　　　　　　)을 타야겠다.

유　미(여): 그래, 조심해서 잘 가고, 못 찾겠으면 꼭 다시 연락해. 안녕.

02 다음 대화를 듣고 (　　　　)에 쓰십시오.

성　주(남): 어머니, 어머니! 저 오늘 청계천에 다녀왔어요.

어머니(여): 그래, 성주야. 기분이 좋아 보이는구나. 어땠니? (　　　　　　)?

성　주(남): 네, 어머니. (　　　　　　)도 굉장히 깨끗하고 식물도 많았어요.

어머니(여): 성주야, 엄마가 어렸을 때 청계천은 그렇게 깨끗하지 않았어.

성　주(남): 진짜요? 믿어지지 않아요.

어머니(여): 얼마 전까지 청계천은 땅 밑을 흐르는 (　　　　)이었어. 그래서 더러운 물을 버리는 (　　　　　)로 쓰였지. 그래서 청계천 주변에는 늘 안 좋은 냄새가 났어.

성　주(남): 와, 그건 몰랐어요.

어머니(여): 정부는 2003년에 청계천을 깨끗하게 만드는 (　　　　)를 시작했어. 그래서 2005년에 다시 청계천이 깨끗하게 되었지.

성　주(남): 아, 그런 역사가 있었군요.

어머니(여): 청계천에 대해 더 알고 싶으면 청계천 박물관에 가 봐. 청계천의 과거와 현재의 모습을 볼 수 있을 거야.

성　주(남): 오늘 청계천에 대해서 많은 걸 알게 됐어요. 그런데 더 많은 걸 알고 싶어요. 지금 당장 청계천에 대해 인터넷으로 (　　　　)해 봐야겠어요. 그리고 다음 주에는 청계천 박물관에도 가 봐야겠어요.

7과 산의 매력에 푹 빠질 거예요

I. 어휘 연습

계곡	등산로	산악회	삼림욕	약수터	정상
인내심	땀	폐	하체	초반/후반	각자
수도권	도시락	오르다	하산하다	문의하다	

1) ____________에는 항상 건강을 위해서 물을 마시려는 사람들로 붐벼요.

2) 점심 식사는 ____________ 알아서 준비해 오세요.

3) 그 학생은 ____________이/가 없어서 작은 어려움도 참지 못해요.

4) 산을 산책하면서 좋은 공기를 마시는 것을 ____________(이)라고 해요.

5) ____________을/를 걸으면 새소리와 물소리를 들을 수 있어서 좋아요.

6) 더운 여름에는 앉아만 있어도 몸에서 ____________이/가 흘러요.

7) 담배를 피우면 특히 ____________와/과 심장에 좋지 않다고 해요.

8) 한국의 남자들은 대부분 20대 ____________에 군대를 다녀와요.

9) 서울을 중심으로 한 주변 ____________에는 계속 인구가 많아지고 있어요.

10) 등산을 자주 하고 매일 자전거로 출퇴근하면 ____________이/가 튼튼해져요.

11) 여름에 ____________에 있으면 에어컨을 켠 것보다 더 시원해요.

12) 산에 오르는 것은 힘들지만 산 __________에 도착하면 힘든 걸 모두 잊어버려요.

13) 밖에서 사 먹으면 비싸니까 내일부터는 __________을/를 싸 와서 같이 먹어요.

14) 산은 올라갈 때보다 ____________은/는 것이 더 위험하고 힘들어요.

15) 한국 남자들은 군대를 다녀오고 20대 ____________에 취직을 해요.

16) 궁금한 점이 있으면 언제든지 행정실에 ____________.

17) 혼자서도 좋지만 ____________에 가입해서 등산하면 더 재미있을 거예요.

18) 주말에 산악회에서 북한산을 가는데 __________ 길이 여러 가지라서 갈 때마다 느낌이 달라요.

MEMO

II. 문법과 표현

1. N스럽다

1) 가: 유미 씨는 딸 얼굴을 보면 항상 웃어요.
   나: 네, 딸이 정말 ______________________.

2) 가: 성주 씨, 내일 시험을 보러 가죠?
   나: 네, 내일 시험을 잘 볼 수 있을지 ______________________.

3) 가: 오늘 생일 파티 즐거웠어요?
   나: 네, 생일 파티는 즐거웠어요.
   그런데 친구가 비싼 선물을 줘서 ______________________.

4) 가: 저 카메라가 아주 비싸 보이네요.
   나: 우리 아빠가 좋아하시는 물건인데 비싸서 만지기가 ______________________.

5) 가: 유미 씨, 이 옷 어때요?
   나: 정장을 입으니까 ______________________ 보이네요.

어른	사랑	부담	걱정	조심

2. A/V-(으)ㄴ/는 게 틀림없다 // N이/가 틀림없다 *틀림없이

1) 가: 저 두 사람은 친했는데 요즘은 왜 서로 웃지도 않아요?
   나: 잘은 모르지만 ______________________.

2) 가: 한 시간이나 기다렸는데 진나 씨가 올까요?
   나: 온다고 문자를 보냈으니까 ______________________ 올 거예요.

3) 가: 저분이 선생님일까, 아니면 학교에서 일하시는 아저씨일까요?
   나: 출석부를 가지고 계시니까 ______________________.

4) 가: 유미 씨는 왕명 씨만 보면 얼굴이 빨개져요.
   나: 유미 씨가 왕명 씨를 ______________________.

5) 가: 왕명 씨가 오늘 학교에 안 나왔어요.
   나: 어제 비를 많이 맞아서 ______________________.

선생님	틀림없이	싸우다	아프다	좋아하다

3. A-다고 하다 // V-ㄴ/는다고 하다 // N(이)라고 하다

1) 유미: "한국은 봄과 가을의 산이 특히 아름다워요."
   제인: 유미는 한국은 봄과 가을의 산이 특히 ______________.

2) 마이클: "지금 등산화와 등산복을 구경해요."
   마사키: 마이클은 지금 등산화와 등산복을 ______________.

3) 왕명: "제주도 여행이 아주 좋았어요."
   진나: 왕명은 제주도 여행이 아주 ______________.

4) 성주: "나이 든 어른들께 가장 좋은 운동은 등산이에요."
   토니: 성주는 나이 든 어른들께 가장 좋은 운동은 ______________.

5) 사오리: "등산을 하다가 배가 고프면 초콜릿이나 바나나를 먹어요."
   줄리아: 사오리는 등산을 하다가 배가 고프면 초콜릿이나 바나나를 ______________.

4. V-자고 하다 // V-지 말자고 하다

1) 가: 지금 어디에 가요?
   나: 영화관에 가요. 친구가 오랜만에 영화를 ______________.

2) 가: 내일 같이 여행을 갈까요?
   나: 안 돼요. 부모님이 대청소를 ______________.

3) 가: 배가 고픈데 왜 빵을 안 먹어요?
   나: 반장이 수업 시간에 음식을 ______________.

4) 가: 회의에서 무슨 얘기를 했어요?
   나: 좋은 반 분위기를 위해서 서로 ______________.

5) 가: 여자 친구랑 무슨 약속을 했어요?
   나: 앞으로 ______________.

하다	보다	돕다	먹다	싸우다

7, 8과 간접 인용

종류	평서문			
시제		과거	현재	미래
동사		-았/었다고 하다	-(느)ㄴ다고 하다	-(으)ㄹ 거라고 하다
	가다			
	먹다			
형용사		-았/었다고 하다	-다고 하다	-(으)ㄹ 거라고 하다
	싸다			
	좋다			
명사		-였/이었다고 하다	-(이)라고 하다	-일 거라고 하다
	친구이다			
	학생이다			

종류	의문문			
시제		과거	현재	미래
동사		-았/었냐고 하다	-냐고 하다	-(으)ㄹ 거냐고 하다
	가다			
	먹다			
형용사		-았/었냐고 하다	-(으)냐고 하다	
	싸다			
	좋다			
명사		-였/이었냐고 하다	-(이)냐고 하다	
	친구이다			
	학생이다			

		청유문	명령문
긍정문	만나다	동사 + -자고 하다	동사 + -(으)라고 하다
부정문		동사 + -지 말자고 하다	동사 + -지 말라고 하다

III. 듣기 연습

01 다음 대화를 듣고 (   )에 쓰십시오.

우리 (   )를 소개합니다. 산악회 이름은 '희망 산악회'라고 하며 매주 일요일 주로 북한산을 (   )하는 산악회입니다. 북한산을 오르는 (   )는 여러 가지인데 자주 가면 사계절의 아름다운 경치를 모두 볼 수 있습니다. 특히, (   )에서 가까워서 좋습니다. 오랜 친구처럼 서로 잘해 주는 분위기라서 혼자서 처음 가시는 분을 위해 좋습니다. 좋은 사람도 사귀면서 아름다운 산도 보고 건강도 지킬 수 있습니다. 서울 북부나 경기 서남부에 사시는 분에다가 20대 (   )이나 30대 (   )의 미혼 남성이면 누구나 환영합니다. 일요일 오전 9시 3호선 구파발역으로 나오시면 가입 후 등산하실 수 있습니다. (   )은 (   ) 준비해서 오십시오. (   ) 일이 있으면 010-3378-1234 산악회장 '김정상'을 찾아 주세요.

MEMO

02 다음 대화를 듣고 (   )에 쓰십시오.

선생님: 지금부터 한 사람씩 등산의 좋은 점에 대해 이야기해 볼까요?

남자 1: 무엇보다 산에는 나무가 많잖아요. 나무에서 사람한테 좋은 물질이 나와서 (   ) 효과가 (   ). 그 물질이 우리 몸을 깨끗하게 목욕시키는 효과가 (   ).

여자 1: 산을 오르면 (   )이 많이 흐르잖아요. 그러면 우리 피부가 좋아지고 살도 빠져서 좋아요. 특히, (   )에서 마시는 약수는 어떤 음료수보다 건강에 (   ).

남자 2: 등산을 자주 하면 우리 몸 중에서 특히 심장과 (   )가 좋아지고 (   )가 발달되어서 좋다고 해요.

여자 2: 사람을 만나고 자연과 대화하면 우울증도 예방할 수 있다고 해요. 그리고 높은 산 정상까지 힘들게 오르면 (   )이 생기고 (   )이 강해져서 무슨 일이든지 (   ) 있게 할 수 있어요.

남자 3: 식물과 동물을 사랑하고 모든 (   )을 아끼는 마음을 가질 수 있어요.

선생님: 지금까지 여러분의 의견을 들어봤는데 등산의 좋은 점이 참 많군요. 그러면 이번 주말에는 다 함께 등산을 한번 가 봅시다.

학생들: 와, 좋아요!

8과 아이들이 집에서 뛰어놀곤 해요

I. 어휘 연습

궁궐	마당	마루	바닥	온돌	정원
조상	지붕	찜질방	한옥	체험	유산
조화롭다	딱딱하다	물려주다	성장하다		

1) 아파트보다 __________은/는 자연 재료를 사용해서 지었기 때문에 건강에 좋아요.

2) 아파트는 __________이/가 없어서 뛰어놀 수가 없어요.

3) 아침에 일어나니까 __________에 하얀 눈이 쌓여 있었어요.

4) 아름다운 자연은 다음 세대에 물려줄 소중한 ______________.

5) 친구 집에 갔는데 ____________에 나무와 꽃이 아주 많았어요.

6) 내가 졸업하면서 교복을 후배에게 ______________.

7) 할머니는 이가 약해서 ____________ 음식은 드실 수 없어요.

8) 이번 학기 문화 ____________은/는 경복궁으로 간다고 해요.

9) 저 그림은 산과 강과 예쁜 집이 ______________ 그려졌어요.

10) 우리나라의 경제가 작년보다 많이 ______________.

11) 우리나라에는 __________들이 남겨 준 훌륭한 문화유산이 많아요.

12) 그의 집은 커서 왕이 사는 __________ 같았어요.

13) 방학 동안 청소를 하지 않아서 교실 __________이/가 지저분했어요.

14) 주말에 친구와 ________에 갔는데 바닥이 ________(이)라서 따뜻해서 좋았어요.

MEMO

II. 문법과 표현

1. N에 따라(서)

1) 가: 학생들의 반을 어떻게 나누어 놓았어요?
   나: ____________________ 나누어 놓았어요.

2) 가: 비가 오니까 기분이 우울해져요.
   나: 맞아요. 사람은 ____________________ 기분이 달라져요.

3) 가: 장학금을 주는 기준은 뭐예요?
   나: 장학금은 ____________________ 줘요.

4) 가: 왜 같은 제품인데 가격이 달라요?
   나: ____________________ 가격이 달라요.

5) 가: 한국은 음식 맛이 모두 같아요?
   나: 아니요, ____________________ 맛의 차이가 있어요.

성적	날씨	지역	제품의 양	이름 순서

2. V-곤 하다

1) 가: 이 노래 참 오랜만에 듣네요.
   나: 맞아요. 우리가 결혼하기 전에 ______________________________.

2) 가: 강아지랑 자주 산책하세요?
   나: 네, 시간이 있을 때마다 ______________________________.

3) 가: 주말에 무엇을 자주 해요?
   나: 친구와 ______________________________.

4) 가: 집에서 자주 아이들과 놀아 주세요?
   나: 아니요, 그러지 못해요. 쉬는 날에만 ______________________________.

5) 가: 소설책 좋아하세요?
   나: 아니요, 숙제할 때 ______________________________.

읽다	듣다	산책하다	쇼핑하다	놀아 주다

3. A/V-냐고 하다 // N(이)냐고 하다

보기

친구: 지금 어디야? ➡ 친구가 지금 어디냐고 해요.

1) 친구: 여기가 학생 식당이야?

➡ ________________________________.

2) 진나 씨: 거기 비가 와요?

➡ ________________________________.

3) 유미 씨: 어제 본 영화가 재미있었어요?

➡ ________________________________.

4) 마이클 씨: 지금 바빠요?

➡ ________________________________.

5) 성주 씨: 문제가 어려워요?

➡ ________________________________.

4-1. V-(으)라고 하다

보기

선생님: 공부를 열심히 하세요. ➡ 선생님께서 공부를 열심히 하라고 하셨어요.

1) 아버지: 오늘은 가족 모임이 있으니 집에 일찍 들어와.

➡ ____.

2) 어머니: 공부를 열심히 해라.

➡ ____.

3) 선생님: 저기에 쓰레기가 많으니까 가서 주워라.

➡ ____.

4) 형: 오늘은 일이 많으니까 혼자 놀아.

➡ ____.

5) 진나 씨: 숙제가 어려우니까 좀 도와주세요.

➡ ____.

4-2. V-지 말라고 하다

보기

어머니: 텔레비전을 보지 마라. ➡ 어머니께서 텔레비전을 보지 말라고 하셨어요.

1) 할머니: 오늘 가족 모두 같이 저녁 먹기로 했으니 늦지 마라.

➡ ______________________________.

2) 선생님: 수업 시간에 음식을 먹지 마세요.

➡ ______________________________.

3) 누나: 담배를 피우지 마라.

➡ ______________________________.

4) 성주: 생활비가 부족하니까 쇼핑하지 마라.

➡ ______________________________.

5) 아버지: 전시회에서 사진을 찍지 마라.

➡ ______________________________.

III. 듣기 연습

01 다음 대화를 듣고 (   )에 쓰십시오.

유미(여): 성주 씨, 새로 이사 간 아파트 마음에 들어요?

성주(남): 글쎄요. (   ) 점도 있지만 (   ) 점도 있어요.

유미(여): 뭐가 불편해요?

성주(남): 아파트에는 (   )이 없으니까 아이들이 집에서 뛰어놀 수가 없잖아요. 아파트로 이사하기 전에 (   )에서 살아서 아이들이 마당에서 자유롭게 (   ). 그런데 지금은 그럴 수가 없어서 매일 다시 이사 안 (   ) 물어봐요.

유미(여): 그럼 아파트 근처에 있는 공원에서 (   ) 하면 되잖아요.

성주(남): 하지만 아이들이 가끔 기분이 좋으면 집에서 (   ) 하잖아요. 그런데 그걸 아래층에서 아주 싫어해요. 며칠 전에는 아래층 사람이 우리 집에 와서 아이가 몇 (   ), 아파트에서 살아 본 적이 없냐고 하면서 화를 내서 좀 기분이 나빴어요.

유미(여): 성주 씨가 기분이 나빴겠어요. 제 친구도 그 문제로 아래층과 싸울 뻔했다고 했어요. 아파트에서 살면 그게 참 문제예요.

성주(남): 네, (   )를 옮기게 되어서 이사했지만, 저도 사실 다시 한옥에서 살았으면 해요.

02 다음 대화를 듣고 (   )에 쓰십시오.

성주(남): 진나 씨, 찜질방에 가 본 적이 있어요?

진나(여): 네, 피곤할 때 자주 (   ). 뜨거운 찜질방에서 땀을 흘리고 시원한 식혜랑 달걀을 먹으면 기분이 금방 좋아져요.

성주(남): (   )을 아주 잘하고 있군요.

진나(여): 온돌? 그게 뭐예요?

성주(남): 아! 온돌은 한국 전통의 (   ) 방식이에요. 방바닥에 돌을 놓아서 난방을 하는 거예요. 진나 씨, 찜질방에서 바닥에 누워 있을 때 바닥이 따뜻했지요? 그게 바로 그 난방 방식 때문이에요.

진나(여): 아, 그렇군요. 침대보다 (   ) 등은 좀 아팠지만 따뜻해서 아주 좋았어요.

성주(남): 온돌은 건강에도 아주 좋아요. 특히 요즘 찜질방에는 여러 가지 (   ) 재료를 이용한 방도 많아서 더 건강에 좋아요.

진나(여): 맞아요. 찜질방 이야기를 하니까 찜질방에 가고 싶네요.
오늘 저녁에 같이 갈래요?

MEMO

9과 그 맛에 빠져 버렸어요

I. 어휘 연습

김장	동치미	백김치	보쌈	고춧가루	열무
김치 냉장고	김칫독	플라스틱	통	흙	땅
국물	부침개	담그다	보관하다	익히다	시도하다

1) 강아지가 죽어서 ________에 묻어 주었어요.

2) 보통 12월에 한국 사람들은 겨울 동안 먹을 김치인 ________을/를 담가요.

3) 매운 음식을 먹지 못하는 외국인이나 환자는 고춧가루가 들어 있지 않은 ________ 을/를 먹으면 돼요.

4) 어머니가 어제 김치로 ______________을/를 부쳐 주셨어요.

5) 옛날에는 김치 냉장고가 없어서 겨울에는 김치를 ____________ 속에 보관했어요.

6) 보통 한국 사람들의 식단은 밥과 반찬에다가 _______이/가 있는 국이나 찌개예요.

7) 김치의 종류에는 빨간 ______________이/가 들어가지 않은 김치도 있어요.

8) 돼지고기를 삼겹살처럼 구워 먹는 것보다 ________처럼 삶아 먹으면 건강에 더 좋다고 해요.

9) 반찬을 넣을 수 있는 ________이/가 있으면 좋겠어요.

10) 유리로 만든 그릇은 깨지기 쉽지만 ____________(으)로 만든 그릇은 그런 걱정이 없어요.

11) 음식을 햇빛이 없거나 선선한 곳에 잘 ______________세요.

12) 옛날 어머니들은 집에서 직접 김치나 된장, 고추장, 술을 ________ 먹었어요.

13) 김치는 해서 바로 먹는 것도 맛있지만 ____________ 먹는 것이 더 좋아요.

14) 젊을 때는 무슨 일이든지 잘 되든지 못 되든지 ___________ 보는 게 중요해요.

15) 김장 김치는 아주 많은 양을 담가서 옛날에는 __________에 넣어서 보관했지만 지금은 ____________________에 넣어서 보관해요.

16) 예전에 소화가 안 될 때는 _____________ 국물을 먹으면 소화가 잘 되었다고 해요.

17) 여름에는 뜨거운 국수보다 시원한 ______김치의 국물에 국수를 넣어 먹는데 그게 특별한 맛이어서 좋았어요.

MEMO

II. 문법과 표현

1. V-기부터 // N부터

1) 가: 아기들은 말과 글 중에서 뭐부터 배워요?
   나: 당연히 ________________ 배우지요.

2) 가: 지금 버스가 출발하면 언제 도착해요?
   나: 5시간 후에 도착하니까 버스를 타기 전에 ________________ 다녀오세요.

3) 가: 선생님, 몇 시부터 수업을 시작해요?
   나: 지금 시작할 거예요. 그런데 오늘은 첫 수업이니까 서로 ________________ 해요.

4) 가: 그 학생은 정말 얼굴도 잘생겼고 공부도 잘해요.
   나: 그렇기는 하지만 그 학생은 사람 사이의 ________________ 배워야겠어요.

5) 가: 외국어를 배울 때 읽고 쓰기와 듣고 말하기 중에서 뭐부터 배우는 게 좋을까요?
   나: 저는 ________________ 배우는 게 좋다고 생각해요.

예절	화장실	말	인사	듣고 말하기

2. V-아/어 버리다

1) 가: 점심 먹고 나서 운동하자는 약속을 왜 안 지켰어요?
   나: 미안해요. 밥을 먹고 나니까 너무 피곤해서 ________________.

2) 가: 왜 그렇게 화가 나 있어요?
   나: 컴퓨터가 고장 나서 중요한 자료들이 다 ________________.

3) 가: 다시 설명해야 하는데 누가 칠판을 지웠지요?
   나: 죄송해요, 선생님. 제가 쉬는 시간에 다 ________________.

4) 가: 왜 카메라를 안 가지고 왔어요?
   나: 미안해요. 제가 서두르다가 ________________.

5) 가: 옆 반에는 학생들이 왜 아무도 없어요?
   나: 선생님이 15분쯤 늦었는데 안 오시는 줄 알고 집에 다 ________________.

가다	잊다	자다	지우다	없어지다

3. A/V-았/었던 // N이었던/였던

1) 가: 여기가 어디예요?

나: 제가 유학 시절에 남자친구와 ______________________ 곳이에요.

2) 가: 옷이 아주 작네요. 무슨 옷이에요?

나: 제가 돌 때 ______________________ 옷이에요.

3) 가: 전에 ______________________ 남자 친구는 어떤 사람이었어요?

나: 부모님께서 소개해 주신 사람인데 제 마음에는 들지 않았어요.

4) 가: 혹시 우리 반에 수영을 잘하는 사람은 없어요?

나: 옛날에 ______________________ 사람이 있다고 들었어요.

5) 가: 이 사진에 있는 키가 작은 사람이 누구예요?

나: 초등학교 친구예요. 어렸을 때 키가 ______________________ 친구인데 지금은 키가 많이 커졌어요.

수영 선수	입다	오다	작다	사귀다

4. N(으)로 인해(서)

1) 꾸준한 ______________________ 그 학생은 대학 입학시험에 합격했다.

2) 요즘 학생들은 ______________________ 스트레스가 많아졌다.

3) 세계는 ______________________ 더욱 가까워졌다.

4) 큰 ______________________ 건물 전체가 다 타 버렸다.

5) 여행 경비 ______________________ 여행이 취소되었다.

시험	부족	노력	화재	인터넷

III. 듣기 연습

01 다음 대화를 듣고 (   )에 쓰십시오.

아들(남): 엄마, 김치를 (   ) 왜 바로 안 먹어요?

엄마(여): 김치는 담가서 바로 먹는 것보다 (   ) 먹는 게 더 맛있고 건강에도 더 좋아. 물론 신선한 김치를 좋아하는 사람도 있고 오래된 김치를 좋아하는 사람도 있지만.

아들(남): 그런데 (   )에 김치를 넣으면 일반 냉장고보다 더 맛있어요?

엄마(여): 그럼 훨씬 더 맛있어. 일반 냉장고는 다른 반찬이나 음료수 등을 먹으려고 자주 열고 닫잖아. 그러면 냉장고에 (   )가 커서 김치가 맛있게 익지 않아. 그런데 김치 냉장고는 자주 열 일이 없어서 더 맛있게 익거든.

아들(남): 그러면 엄마, 우리도 김치 냉장고를 사서 맛있는 김치를 먹어요.

엄마(여): 나도 사고 싶은데 집이 좁아서 김치 냉장고를 놓을 장소가 없어.

아들(남): 그런데 엄마, 옛날에는 김치 냉장고가 없었는데 김치를 어떻게 (   )?

엄마(여): 옛날에는 플라스틱이 아니라 흙으로 만든 (   )에 보관했어. 여름에는 시원한 물속에, 그리고 겨울에는 다음 해 봄까지 먹을 '(   )'을 담가서 땅속에 오랫동안 보관해서 먹었어. 지금은 많은 사람이 아파트에 살아서 그렇게 하고 싶어도 못하니까 김치 냉장고에다가 보관하는 거야.

02 다음 대화를 듣고 (　　　　)에 쓰십시오.

제인(여): 성주야, 나 이제부터 김치를 잘 먹을 수 있게 됐다.

성주(남): 아니, 어떻게? 지난주까지도 (　　　　　　) 못 먹겠다고 했잖아.

제인(여): 사실은 어제 한국 친구의 가족과 함께 한식집에 갔어. (　　　　　)을 백김치와 함께 먹었는데 아주 맛있게 먹었어.

성주(남): 아, (　　　　　　　　　)가 전혀 없는 백김치를 먹었구나.

제인(여): 그리고 (　　　　　)도 먹어 봤어. 음식들이 너무 맛있어서 급하게 먹다가 (　　　　) 가 잘 안 됐거든. 그런데 친구 어머니께서 동치미 국물을 먹어 보라고 하셔서 먹었는데 소화도 잘되고 음료수보다 더 시원하고 맛있었어.

성주(남): 네 입에 맞는 김치만 먹어 봤구나.

제인(여): 그게 끝이 아니야. 소화가 되고 나니까 다시 뭔가 먹고 싶어서 (　　　　　　　)를 먹게 됐어. 그런데 지금까지 한국에서 먹은 국수 가운데서 가장 맛있었어.

성주(남): 너 정말 어제 대단한 (　　　　　)을 했구나. 덕분에 여러 가지 종류의 김치에 대해서도 알게 됐겠네. 다음에는 나랑 (　　　　　　)에도 같이 가 보자.

MEMO

10과 명절은 기대되면서도 부담돼요

I. 어휘 연습

가래떡	떡국	곡식	부럼	오곡밥	정월 대보름
송편	전	차례	세대	빚다	굳다
부치다	깨물다	동그랗다	납작하다	길쭉하다	간소하다

1) __________은/는 설날 때 먹는 음식이에요. 맵지 않아서 아이들도 잘 먹어요.

2) 떡국을 만드는 떡이 __________이에요/예요. 이것은 하얗고 __________요.

3) 다섯 가지 __________(으)로 밥을 만들어서 __________(이)라고 해요. 이것은 음력 1월 15일인 ________ __________에 먹어요.

4) 이날은 또 껍질이 딱딱한 호두, 땅콩 등 __________을/를 먹어요. 이것을 이로 __________어 먹으면 피부에 피부병이 안 생긴다고 믿었어요.

5) 추석이나 설날에 조상님께 __________을/를 지내요.

6) 한국 사람들은 추석에 __________을/를 먹어요.

7) 옛날에는 추석 때 송편을 집에서 __________서 먹었어요. 그런데 요즘은 사 먹는 사람들이 많아요.

8) 가래떡은 너무 부드러울 때는 썰 수 없어요. 그래서 __________은/는 후에 썰어요.

9) 가래떡을 썰면 둥글고 __________ 모양이 되어서 먹기가 좋아요.

10) 명절에 저는 전을 ____________고, 어머니는 여러 가지 음식을 만드세요.

11) 성주 씨에게는 ____________ 안경이 아주 잘 어울려요.

12) 요즘 젊은 사람들은 부모님 ____________보다 훨씬 더 ____________ 명절을 지내는 것 같아요.

MEMO

II. 문법과 표현

1. A/V-(으)면서도

1) 가: 그 남자 성격이 어때요?
   나: ________________________________.

2) 가: 한국 음식 좋아해요?
   나: 네, ________________________ 좋아해요.

3) 가: 너는 왜 그 사람을 ________________________________?
   나: 내 마음을 말하고 싶지 않았거든요.

4) 가: 왜 ________________________________?
   나: 미안해요. 가끔 그러고 싶을 때가 있어요.

5) 가: 그 학생 정말 걱정돼요.
   나: 그러게요. ________________________________.

맵다 / 맛있다	부드럽다 / 강하다	공부를 못하다 / 열심히 안 하다
집에 있다 / 전화를 안 받다		좋아하다 / 싫어한다고 말하다

2. V-(으)ㄴ 채로

1) 가: 왜 안 씻고 수영복을 _______________ 있어요?
   나: 수영을 너무 오래 해서 힘들어서요.

2) 가: 오늘 좀 늦으셨네요?
   나: 그래서 머리를 말리지도 못하고 _______________ 집에서 나왔어요.

3) 가: 집에 일찍 가면 뭐 하세요?
   나: 한 시간 정도는 소파에 _______________ 그냥 있어요.

4) 가: 왕명 씨, 오늘 무척 피곤해 보이네요.
   나: 네, 요즘 피곤해요. 어제는 너무 피곤해서 안경을 _______________ 잠을 잤어요.

5) 가: 성주 씨, 배가 고프다고 _______________ 밥을 먹으면 어떻게요. 여기에 앉아요.
   나: 네, 고마워요.

눕다	서다	입다	쓰다	젖다

3. V-(으)ㄹ까 싶다

1) 가: 이번 주말에 남자 친구 만날 거예요?

   나: 아니요. 자꾸 싸우게 돼서 그냥 ____________________.

2) 가: 대학에서 경영학을 전공할 생각이에요?

   나: 아니요. 경영학보다는 사진학을 ____________________.

3) 가: 대학을 졸업한 후에는 고향으로 돌아갈 거예요?

   나: 아니요. 한국에서 대학원에 ____________________.

4) 가: 그 남자와 언제쯤 결혼할 생각이에요?

   나: 글쎄요. 5년 후쯤 ____________________.

5) 가: 수업 끝나고 뭐할 거예요?

   나: 친구와 명동에서 ____________________.

가다	쇼핑하다	결혼하다	전공하다	헤어지다

4. A/V-(으)ㄴ/는 줄 알다 // N인 줄 알다

1) 가: 왕명 씨가 한국어 말하기 대회에서 1등을 했다고 해요.

   나: 그래요? 저는 왕명 씨가 한국어를 잘 ____________________.

2) 가: 유미 씨가 가수 콘서트 보러 갔어요.

   나: 유미 씨는 가요에 관심이 ____________________.

3) 가: 진나 씨가 중국 사람이라고 해요.

   나: 진나 씨가 한국어를 아주 잘해서 ____________________.

4) 가: 민수 씨가 어제 일하다가 쓰러져서 병원에 입원했어요.

   나: 어머! 저는 민수 씨가 항상 밝게 웃고 활발해서 ____________________.

5) 가: 제인 씨는 운동선수예요.

   나: 제인 씨가 키가 크고 날씬해서 ____________________.

모델	한국 사람	없다	못하다	건강하다

III. 듣기 연습

01 다음 대화를 듣고 (   )에 쓰십시오.

(텔레비전을 보며)

진나(여): 성주 씨, 저 하얗고 길쭉한 게 뭐예요?

성주(남): 저건 (   )이에요. 한국 사람들이 (   )에 먹는 떡국을 저걸로 만들어요. 진나 씨 나라에도 설날에 특별히 먹는 음식이 있지요?

진나(여): (   ) 다른데 북쪽 지방에서는 (   )를 먹고, 남쪽 지방에서는 주로 (   )을 먹어요. 그런데 떡국이 어떤 음식이에요?

성주(남): 저 가래떡을 (   ) 납작하게 썰어서 국물에 넣고 끓이는 음식이에요. 옛날에는 설날에만 먹었지만 요즘은 먹고 싶을 때 언제든지 먹을 수 있어요.

진나(여): 떡을 써는 일이 힘들 것 같은데, 직접 떡을 썰어요?

성주(남): 아니요, 힘들기 때문에 썰 수 (   ) 떡집에다가 부탁하는 사람들이 많아요.

진나(여): 그런데 만두는 안 먹어요? 우리는 설날에 만두를 먹거든요.

성주(남): 지역에 따라서는 떡과 만두를 같이 끓인 (   )을 먹기도 해요.

진나(여): 아, 네, 그런데 성주 씨, 제가 떡국을 먹어 본 적이 없어요.

성주(남): 다이어트 중이라 점심을 (   ) 그럼 진나 씨랑 떡국을 먹으러 가야겠군요.

02 다음 대화를 듣고 (   )에 쓰십시오.

성주(남): 제인 씨, 잘 왔어요. 이 호두 좀 (   ) 드세요.

제인(여): 이 딱딱한 걸 저에게 깨물어 먹으라고 하셨어요? 저는 이가 별로 안 좋은데요.

성주(남): 그러니까 이걸 깨물어 먹어야 해요. 오늘이 (   )이거든요.

제인(여): 정월 대보름이요? 그게 뭐예요?

성주(남): 음력으로 1월 15일인데 (   )하고 (   )을 먹는 날이에요. 부럼은 호두, 땅콩, 밤같이 껍질이 딱딱한 것이고 오곡밥은 다섯 가지 곡식으로 한 밥이에요.

제인(여): 아, 그렇군요. 그런데 이런 것을 먹는 특별한 이유가 있어요?

성주(남): 네, 부럼을 깨물면 1년 동안 (   )이 나지 않고 (   )도 튼튼해진다고 믿기 때문이에요. 또 오곡밥은 그해 (   )이 잘되기를 바라는 마음에서 먹는 거예요.

제인(여): 그렇군요. 그러면 저도 이가 튼튼해지게 이 부럼을 깨물어 먹을게요. 오곡밥도 한번 먹어 보고 싶은데, 어떻게 먹을 수 있지요?

성주(남): 정월 대보름에는 학생 식당에서도 오곡밥을 먹을 수 있으니까 걱정하지 마세요.

제인(여): 그래요? 저는 학생 식당에서는 그런 음식을 못 (   ). 올해는 저도 오곡밥을 먹으니까 곡식이 더 잘 되겠지요?

MEMO

1~5과 복습

1. 다음 어휘를 사용하여 문장을 완성하십시오.

대출	자취	품절	연체료	편의 시설
공중도덕	늘다	마음먹다	붐비다	줄이다
흔하다	보상하다	젖다	설치하다	개선되다
속상하다	흔들리다	유의하다	지연되다	조절하다

1) 시험을 볼 때는 다음 내용에 ______________.

2) 집을 구할 때는 햇빛이 잘 들어오는 남향이 좋고, 주위에 체육 센터나 공원 등 ______________이/가 많이 있어야 좋아요.

3) 저는 언니와 함께 서울에서 ______________하고 있는데, 요리는 언니가 해요.

4) 오늘 우산이 없어서 비를 다 맞았어요. 그래서 옷과 머리가 다 ______________.

5) 배송이 ______________ 인터넷 서점에서 1,000포인트를 받았다.

6) 약속한 시간 내에 배송이 안 되면 물건값의 두 배로 ____________ 드리겠습니다.

7) 이사한 집에는 인터넷이 안 되어서 인터넷을 ______________ 위해 통신 회사에 전화했어요.

8) 그 책은 반응이 좋아서 지난주에 ______________되었어요.

9) 사람이 많은 곳에서는 ____________을/를 잘 지켜야 사람들이 불편해하지 않아요.

10) 도서관에서 책을 ______________할 때는 학생증이 꼭 있어야 해요.

11) 어제 고향에 가는데 바람이 많이 불어서 비행기가 ______________.

12) 대출 기간이 지나면 __________을/를 내야 하니까 대출 기간을 꼭 지켜야 해요.

13) 이번 학기에는 예습, 복습을 열심히 하기로 __________.

14) 학생 식당의 메뉴가 좀 다양해지고 음식의 질도 __________ 좋겠어요.

15) 다음 주가 크리스마스라서 백화점이 선물을 사는 사람들로 __________.

16) 살이 많이 빠진 후에 바지가 커져서 허리를 조금 __________.

17) 너무 더워서 온도를 __________.

18) 아이들이 놀다가 싸우는 일은 __________ 일이에요.

19) 몸무게가 많이 __________ 다이어트를 해야 해요.

20) 열심히 준비했는데 지난주 문법 시험의 성적이 좋지 않아서 매우 __________.

2. 다음 문형을 사용하여 문장을 완성하십시오.

무N 유N	대N 소N	N에다가	N당하다
N을/를 통해(서)	A/V-든지 A/V-든지	-이/히/리/기-	V-(으)ㄹ 만하다
V-았/었다가	V-(으)ㄹ 뻔하다	V-기가 무섭게/바쁘게	V-고자
A/V-(으)므로 N이므로	A-(으)ㄴ/는 척하다/체하다 N인 척하다/체하다	A/V-(으)ㄴ/는 모양이다 N인 모양이다	A/V-(으)니 N(이)니
V-기에 앞서(서) N에 앞서(서)	A/V-는지 알다/모르다 N인지 알다/모르다	A/V-지 않으면 안 되다 A/V-지 않아도 되다	V-(으)시오 V-지 마시오

1) 많은 대학생들이 __________에서 일하고 싶어 합니다. **(기업)**

2) 시험이 __________ 이제 시험 걱정은 하지 마세요. **(끝나다)**

3) 가: 오늘 영화는 참 감동적이었지요?

나: 네, 게다가 음악도 좋고 정말 __________ 영화였어요. **(보다)**

4) 가: 성주 씨는 언제 와요?

나: 글쎄요. 저도 성주 씨가 언제 ________________. **(오다)**

5) 우리 할머니께서는 제 말을 ______________ 믿어 주십니다. **(조건)**

6) 가: 그 사람은 키가 너무 작은 것 같아.

나: 키가 ______________ 나는 그 사람이 좋아. **(크다 / 작다)**

7) 가: 친구와 말하기 싫을 때는 어떻게 해요?

나: 침대에 누워서________________. **(자다)**

8) 가: 동생은 집에 오면 뭘 해요?

나: 집에 ________________ 컴퓨터 게임을 해요. **(들어오다)**

9) 가: 왕명 씨, 아직 학교에 안 갔어요?

나: 휴대 전화를 두고 가서 학교에 ______________ 다시 왔어요. **(가다)**

10) 가: 극장 앞에 사람들이 정말 많군요.

나: 영화가 ________________. **(재미있다)**

11) 입학식을 ________________ 잠시 안내 말씀 드리겠습니다. **(시작하다)**

12) 가: 왕명 씨는 부동산 정보를 어디에서 얻어요?

나: 보통 ________________ 얻어요. **(인터넷)**

13) 요즘은 ________________ 영어 공부까지 공부할 게 너무 많아요. **(한국어 공부)**

14) 눈이 많이 ________________ 오늘은 길이 많이 막힐 것입니다. **(오다)**

15) 건물 안에서는 담배를 ________________. **(피우다)**

16) 가: 세탁소에 맡긴 정장을 오늘 찾아야 돼요?

나: 네, 내일 결혼식에서 입으려면 오늘 ________________________. **(찾다)**

17) 가: 왕명 씨, 기분이 안 좋아 보여요.

나: 오늘 아침 유미 씨에게 데이트 신청을 했는데 ________________. **(거절)**

18) 가: 요즘 잘 ____________ 잡지가 뭐예요? **(팔다)**

나: 이 패션 잡지예요.

19) 가: 오늘 월요일이라 지하철이 많이 붐볐죠?

나: 네, 사람이 너무 많아서 못 ________________. **(내리다)**

20) 왕명 씨는 대학에 ________________ 한국에 왔습니다. **(입학하다)**

3. 제시된 표현을 <u>순서대로 모두</u> 사용해 한 문장으로 쓰십시오.

1) 돈이 많다 / 돈이 적다 / 그 사람과 결혼하다

➡ ____

2) 그림을 그리다 / 마음에 안 들다 / 그림을 지우다

➡ ____

3) 늦게 출발하다 / 기차를 놓치다 / 다행히 기차를 타다

➡ ____

6~10과 복습

1. 다음 어휘를 사용하여 문장을 완성하십시오.

체험	성과	인내심	문화유산	정상
곡식	각자	끊임없이	빚다	익히다
깨물다	담그다	문의하다	납작하다	시도하다
보관하다	화창하다	조화롭다	간소하다	물려주다

1) 그 사람은 ____________ 노력해서 결국 훌륭한 과학자가 되었어요.

2) 무슨 일이든지 열심히 하면 ____________이/가 있을 것이다.

3) 경복궁, 덕수궁, 남대문 등 우리의 ____________을/를 잘 지켜야 합니다.

4) 날씨가 ____________ 산책을 했어요.

5) 지난주에 한라산에 갔는데 올라갈 때 힘들었지만 ____________에서 본 경치가 아름다웠다.

6) 높은 산 정상까지 힘들게 오르면 ____________이/가 생기고 의지력이 강해진다.

7) 입학에 대해 모르는 것이 있으면 행정실에 ____________.

8) 조상들의 유산을 다음 세대에 ____________ 위해서 박물관을 지었어요.

9) 한옥은 자연과 ____________ 짓기 때문에 더 아름다워 보인다.

10) 주말에 산악회에서 산에 가기로 했는데 도시락은 ____________ 준비하기로 했다.

11) 이번 학기 문화____________은/는 민속촌으로 간다고 해요.

12) 요즘에는 김치를 못 ______________ 주부들이 늘어나고 있다.

13) 옛날에는 김치를 플라스틱이 아니라 흙으로 만든 김칫독에 ______________.

14) 최고의 공부 방법을 찾을 때까지 여러 가지 방법을 ______________ 보세요.

15) 김치는 담가서 바로 먹는 것보다 ____________ 먹는 것이 더 맛있고 건강에 좋다.

16) 옛날에는 전통 결혼식이 조금 복잡했는데 요즘에는 옛날보다 훨씬 ____________.

17) '송편을 예쁘게 ______________ 예쁜 아이를 낳는다.'는 이야기가 있다.

18) 형은 코가 높은데 저는 ______________.

19) 부럼을 _____________ 1년 동안 피부병이 나지 않고 이도 튼튼해진다고 믿었다.

20) 정월대보름에는 다섯 가지 ______________으로 만든 오곡밥을 먹는다.

2. 다음 문형을 사용하여 문장을 완성하십시오.

A/V-니/냐? N(이)니/냐?	V-아/어라 V-지 마라	V-자 V-지 말자	A/V-아/어 N(이)야
V-자고 하다 V-지 말자고 하다	V-(으)라고 하다 V-지 말라고 하다	A-다고 하다 V-(으)ㄴ/는다고 하다 N(이)라고 하다	A/V-냐고 하다 N(이)냐고 하다
N스럽다	V-곤 하다	V-(으)ㄴ 채로	V-아/어 버리다
V-기부터 N부터	A/V-았/었던 N이었던	A/V(으)ㄴ/는 게 틀림없다 N이/가 틀림없다 틀림없이	V-(으)ㄹ까 싶다
N에 따라(서)	N(으)로 인해(서)	A/V-(으)ㄴ/는 줄 알다 N인 줄 알다	A/V-(으)면서(도)

1) 가: 아버지, 어디 편찮으세요?

나: 허리를 좀 다친 것 ______________. **(같다)**

2) 가: 왕명, 점심 ______________? **(먹다)**

나: 아니, 아직 안 먹었어.

3) 가: 우리 지금 연극 보러 갈까?

나: 야, 우리 그냥 영화 보러 ______________. **(가다)**

4) 가: 왕명, 담배 좀 ____________________. **(피우다)**

나: 알았어. 미안해.

5) 가: 제인 씨 지금 뭐해요?

나: 아기가 노는 것을 보고 있어요. 아기가 노는 모습이 _________________. **(사랑)**

6) 가: 왕명 씨가 왜 아직 수업에 안 오죠?

나: 전화를 해도 안 받는 것을 보니까 집에서 __________________________. **(자다)**

7) 왕명: "지금 식당에서 밥을 먹어요."

유미: 왕명은 지금 식당에서 밥을 __________________________. **(먹다)**

8) 가: 저녁에 시간 있으면 같이 영화 볼까요?

나: 오늘은 안 돼요. 친구가 같이 저녁을 __________________________. **(먹다)**

9) 여러분의 __________________________ 결과가 달라질 수 있어요. **(노력)**

10) 가: 등산을 좋아하세요?

나: 네, 아버지와 주말마다 등산을 __________________________. **(하다)**

11) 왕명: 그 가방 비싸요?

유미: 왕명 씨가 이 가방이 __________________________. **(비싸다)**

12) 어머니가 왕명에게 말했어요. "유미에게 가방을 줘."

가: 어머니께서 뭐라고 말씀하셨어요?

나: 유미에게 가방을 __________________________. **(주다)**

13) 가: 한국 사람은 나이를 알고 나서 높임말이나 반말을 쓰지요?

나: 네, 그래서 첫 만남에서 ______________ 물어보는 게 실례가 안 돼요. (나이)

14) 가: 이번 달 생활비 얼마쯤 남았어요?

나: 이번 달에는 외식과 쇼핑을 많이 해서 다 ______________________. (쓰다)

15) 가: 그 회사를 알고 있어요?

나: 네, 오래전에 제가 ______________ 곳이에요. (일하다)

16) 불규칙한 생활 ____________________ 유학 생활이 더 힘들어지고 있어요. (습관)

17) 가: 어제 본 영화는 어떤 영화예요?

나: ________________ 조금은 슬픈 영화였어요. (재미있다)

18) 책상에 ________________ 잠을 자면 허리에 좋지 않아요. (엎드리다)

19) 가: 주말에 뭘 할 생각이에요?

나: 친구랑 쇼핑을 ________________. (하다)

20) 가: 좋은 남자 있으면 소개 좀 해 주세요.

나: 남자 친구 없어요? 유미 씨는 남자 친구가 ________________. (있다)

3. 제시된 표현을 순서대로 모두 사용해 한 문장으로 쓰십시오.

1) 젖은 옷을 입다 / 잠을 자다 / 감기에 걸리다

➡ ____

2) 엄마가 김치를 담그다 / 김치가 맛있다 / 다 먹다

➡ ____

3) 옛날에 자주 가다 / 노래방이 없어지다 / 다른 노래방에 가다

➡ ____

알기 쉽고 재미있는

중앙 한국어 워크북 3

상

정답지

1과 새 집은 살 만해요?

I. 어휘 연습

1) 보일러　2) 수리비　3) 월세　4) 벽지　5) 자취
6) 세입자　7) 남향　8) 보증금　9) 전세　10) 현관
11) 냉방　12) 편의 시설　13) 세놓았어요　14) 계약서　15) 젖었어요
16) 유의　17) 하숙　18) 지저분해요

II. 문법과 표현

1. 1) 대청소　2) 대가족　3) 대기업　4) 소식가　5) 소형차

2. 1) 밖이 추우니 목도리를 하고 가세요.
2) 내일이 시험이니 오늘은 컴퓨터 게임을 하지 마세요.
3) 오늘은 바쁘니 주말에 만나요.
4) 형이 수학 선생님이니 형에게 어려운 문제를 물어보세요.
5) 오늘 많이 걸었으니 집에서 좀 쉬세요.

3. 1) 읽을 만해요　2) 다닐 만해요　3) 살 만해요　4) 사용할 만해요　5) 볼 만해요

4. 1) 지났는지 모르겠어요　2) 합격했는지 모르겠어요
3) 좋은지 모르겠어요　4) 하는지
5) 담임선생님이신지 모르겠어요

2과 궁금한 건 뭐든지 물어보세요

I. 어휘 연습

1) 품절	2) 고객	3) 배송	4) 모시고	5) 반응
6) 중고	7) 설치할	8) 기사	9) 추가	10) 보상합니다
11) 설치비	12) 베스트셀러	13) 지연될	14) 포인트	15) 피해
16) 무책임	17) 통신	18) 적립한		

II. 문법과 표현

1. 1) 무책임 2) 무표정 3) 유선, 무선 4) 유경험자 5) 무관심

2. 1) 공포 영화든지 코미디 영화든지
2) 술을 마시든지 차를 마시든지
3) 한식이든지 양식이든지
4) 키가 크든지 작든지
5) 가깝든지 멀든지

3. 1) 없는 척해요 2) 귀여운 척해서 3) 듣는 척해요 4) 들은 척해서 5) 직원인 척

4. 1) 받기가 무섭게 2) 들어오기가 무섭게
3) 도착하기가 무섭게 4) 끝나기가 무섭게
5) 오기가 무섭게

3과 책을 많이 읽는 모양이군요

I. 어휘 연습

1) 맡겼어요　2) 놓치지　3) 흔들렸어요　4) 공중도덕　5) 소문
6) 조명　7) 자세　8) 연장　9) 반납　10) 연체
11) 깜박했어요　12) 대출　13) 열람실　14) 입실, 퇴실　15) 찢으면
16) 엎드려서

II. 문법과 표현

1. 1) 샀다가　2) 누웠다가　3) 입었다가　4) 예매했다가　5) 갔다가

2. 1) 시작하는 모양이에요　2) 재미없는 모양이에요
3) 통화하는 모양이에요　4) 시험인 모양이에요
5) 자는 모양이에요

3. 1) 전화하기에 앞서　2) 여행에 앞서
3) 시작하기에 앞서　4) 출발하기에 앞서
5) 치료에 앞서

4. 1) 친구를 통해서　2) 제 남편을 통해서
3) 소개팅을 통해서　4) 애완동물 가게를 통해서
5) 일기예보를 통해서

4과 음식을 남기지 마시오

I. 어휘 연습

1) 인상	2) 외식	3) 개선되	4) 만족도	5) 벌금
6) 뷔페	7) 위생	8) 식단	9) 줄이	10) 한턱낼
11) 한산할	12) 마음먹었어요	13) 붐벼요	14) 인공 조미료	15) 넉넉하
16) 나아지고	17) 양, 질	18) 의견	19) 적당하	

II. 문법과 표현

1. 1) 영어 2) 콜라 3) 문 앞 4) 쓰레기통

2. 1) 차가우므로 2) 사람이므로 3) 위험하므로
   4) 학생이므로 5) 약속했으므로

3. 1) 손대지 마시오 2) 잡으시오
   3) 들어오지 마시오 4) 지키시오
   5) 손조심하시오

4. 1) 오지 않으면 안 돼요 2) 먹지 않으면 안 돼요
   3) 뜨겁지 않으면 안 돼요 4) 전화하지 않아도 돼요
   5) 샤워하지 않아도 돼요

5과 전혀 살찌지 않았어요

I. 어휘 연습

1) 후식 2) 부상 3) 조절하고 4) 편식 5) 흔해요
6) 쓰러졌어요 7) 속상해요 8) 창피해요 9) 빠져서 10) 열풍
11) 맨손체조 12) 늘어서 13) 비만 14) 과식 15) 체중 / 몸무게
16) 도전하는 17) 추천합니다

II. 문법과 표현

1. 1) 거절당했어요 2) 무시당한 3) 해고당했어요
4) 배신당해서

2. 1) 팔려요, 팔려요 2) 쫓기고 3) 먹혔어요
4) 들려요 5) 끊겼어요

3. 1) 넘어질 뻔했어요 2) 사고 날 뻔했어요 3) 다칠 뻔했어요
4) 못 볼 뻔했어요 5) 놓칠 뻔했어요

4. 1) 상담하고자 2) 합격하고자 3) 귀국하고자
4) 되고자 5) 도착하고자

☑ 피동사 연습

1) 보여요 2) 물려요 3) 막혀요 4) 쌓여요 5) 바뀌었어요
6) 닫혔어요 7) 팔리 8) 쌓여요 9) 들려요 10) 먹혀요
11) 보여요 12) 닫혔어요 13) 안 쓰여요 14) 풀려요 15) 잡혔어요
16) 열려요 17) 보여요

6과 여기가 청계천이야

I. 어휘 연습

1) 대규모 2) 공사 3) 상가 4) 성과 5) 도시 계획
6) 문화유산 7) 끊임없이 8) 하수도 9) 화창한 10) 면적
11) 솜씨 12) 미혼 13) 시냇물 14) 냇가 15) 놀라운

II. 문법과 표현

1. 1) 경복궁이야 2) 와/오고 있어 3) 고마워 4) 김 선생님이야 5) 재미없었어

2. 1) 했니 2) 가니 3) 멋있니 4) 월요일이니 5) 좋니

3. 1) 가자 2) 보자 3) 하자 4) 공부하자 5) 먹자

4. 1) 피워라 2) 운동해라 3) 조용히 해라 4) 와 / 와라 5) 가라

☑ 반말

1. 평서문

가다: 가, 갔어, 갈 거야
듣다: 들어, 들었어, 들을 거야
이다: 가수야, 가수였어
학생이야, 학생이었어
아니다: 가수가 아니야, 가수가 아니었어
학생이 아니야, 학생이 아니었어

2. 의문문

가다: 현재 – 가 / 가니 / 가냐?
과거 – 갔어 / 갔니 / 갔냐?
미래 – 갈 거야 / 갈 거니 / 갈 거냐?
듣다: 현재 – 들어 / 듣니 / 듣냐?
과거 – 들었어 / 들었니 / 들었냐?
미래 – 들을 거야 / 들을 거니 / 들을 거냐?

3. 청유문

긍정: 가자, 먹자
부정: 가지 말자, 먹지 말자

4. 명령문

긍정: 가, 가라, 먹어, 먹어라
부정: 가지 마, 가지 마라 / 먹지 마, 먹지 마라

7과 산의 매력에 푹 빠질 거예요

I. 어휘 연습

1) 약수터 2) 각자 3) 인내심 4) 삼림욕 5) 등산로 6) 땀
7) 폐 8) 초반 9) 수도권 10) 하체 11) 계곡 12) 정상
13) 도시락 14) 하산하 15) 후반 16) 문의하세요 17) 산악회 18) 오르는

II. 문법과 표현

1. 1) 사랑스러워요 2) 걱정스러워요 3) 부담스러워요
4) 조심스러워요 5) 어른스러워

2. 1) 싸운 게 틀림없어요 2) 틀림없이 3) 선생님이 틀림없어요
4) 좋아하는 게 틀림없어요 5) 아픈 게 틀림없어요

3. 1) 아름답다고 해요 2) 구경한다고 해요 3) 좋았다고 해요
4) 등산이라고 해요 5) 먹는다고 해요

4. 1) 보자고 했어요 2) 하자고 하셨어요 3) 먹지 말자고 했어요
4) 돕자고 했어요 5) 싸우지 말자고 했어요

☑ 7, 8과 간접 인용

1. 평서문
동사: 가다 – 갔다고 하다, 간다고 하다, 갈 거라고 하다
먹다 – 먹었다고 하다, 먹는다고 하다, 먹을 거라고 하다
형용사: 싸다 – 쌌다고 하다, 싸다고 하다, 쌀 거라고 하다
좋다 – 좋았다고 하다, 좋다고 하다, 좋을 거라고 하다

명사: 친구이다 – 친구였다고 하다, 친구라고 하다, 친구일 거라고 하다

학생이다 – 학생이었다고 하다, 학생이라고 하다, 학생일 거라고 하다

2. 의문문

동사: 가다 – 갔냐고 하다, 가냐고 하다, 갈 거냐고 하다

먹다 – 먹었냐고 하다, 먹냐고 하다, 먹을 거냐고 하다

형용사: 싸다 – 쌌냐고 하다, 싸냐고 하다

좋다 – 좋았냐고 하다, 좋으냐고 하다

명사: 친구이다 – 친구였냐고 하다, 친구냐고 하다

학생이다 – 학생이었냐고 하다, 학생이냐고 하다

3. 청유문

긍정: 만나자고 하다

부정: 만나지 말자고 하다

4. 명령문

긍정: 만나라고 하다

부정: 만나지 말라고 하다

8과 아이들이 집에서 뛰어놀곤 해요

I. 어휘 연습

1) 한옥 2) 마당 3) 지붕 4) 유산이에요 5) 정원
6) 물려주었어요 7) 딱딱한 8) 체험 9) 조화롭게 10) 성장했어요
11) 조상 12) 궁궐 13) 바닥 14) 찜질방, 온돌

II. 문법과 표현

1. 1) 이름 순서에 따라서 2) 날씨에 따라서 3) 성적에 따라서
4) 제품의 양에 따라서 5) 지역에 따라서

2. 1) 듣곤 했죠 2) 산책하곤 해요 3) 쇼핑하곤 해요
4) 놀아 주곤 해요 5) 읽곤 해요

3. 1) 친구가 여기가 학생 식당이냐고 해요 2) 진나 씨가 거기 비가 오냐고 해요
3) 유미 씨가 그 영화가 재미있었냐고 해요 4) 마이클 씨가 지금 바쁘냐고 해요
5) 성주 씨가 문제가 어렵냐고 해요

4-1. 1) 아버지께서 오늘은 가족 모임이 있으니 집에 일찍 들어오라고 하셨어요.
2) 어머니께서 공부를 열심히 하라고 하셨어요.
3) 선생님께서 저기에 쓰레기가 많으니 가서 주우라고 하셨어요.
4) 형이 오늘은 일이 많으니까 혼자 놀라고 했어요.
5) 진나 씨는 숙제가 어려우니까 좀 도와 달라고 했어요.

4-2. 1) 할머니께서 오늘 가족 모두 같이 저녁 먹기로 했으니 늦지 말라고 하셨어요.
2) 선생님께서 수업 시간에 음식을 먹지 말라고 하셨어요.
3) 누나가 담배를 피우지 말라고 했어요.
4) 성주 씨가 생활비가 부족하니까 쇼핑하지 말라고 했어요.
5) 아버지께서 전시회에서 사진을 찍지 말라고 하셨어요.

9과 그 맛에 빠져 버렸어요

I. 어휘 연습

1) 땅　　2) 김장　　3) 백김치　　4) 부침개
5) 땅　　6) 국물　　7) 고춧가루　　8) 보쌈
9) 통　　10) 플라스틱　　11) 보관하　　12) 담가
13) 익혀서　　13) 익혀서　　14) 시도해　　15) 김칫독, 김치 냉장고
16) 동치미　　17) 열무

II. 문법과 표현

1. 1) 말부터　　2) 화장실부터　　3) 인사부터
4) 예절부터　　5) 듣고 말하기부터

2. 1) 자 버렸어요　　2) 없어져 버렸어요　　3) 지워 버렸어요
4) 잊어버렸어요　　5) 가 버렸어요

3. 1) 왔던　　2) 입었던　　3) 사귀었던
4) 수영 선수였던　　5) 작았던

4. 1) 노력으로 인해서　　2) 시험으로 인해서　　3) 인터넷으로 인해서
4) 화재로 인해서　　5) 부족으로 인해서

10과 명절은 기대되면서도 부담돼요

I. 어휘 연습

1) 떡국 2) 가래떡, 길쭉해 3) 곡식, 오곡밥, 정월 대보름 4) 부럼, 깨물
5) 차례 6) 송편 7) 빚어 8) 굳
9) 납작한 10) 부치 11) 동그란 12) 세대, 간소하게

II. 문법과 표현

1. 1) 부드러우면서도 강해요. 2) 매우면서도 맛있어서
3) 좋아하면서도 싫어한다고 말했니? 4) 집에 있으면서도 전화를 안 받았어요?
5) 공부를 못하면서도 열심히 안 해요.

2. 1) 입은 채로 2) 젖은 채로 3) 누운 채로 4) 쓴 채로 5) 선 채로

3. 1) 헤어질까 싶어요. 2) 전공할까 싶어요.
3) 갈까 싶어요. 4) 결혼할까 싶어요.
5) 쇼핑할까 싶어요.

4. 1) 못하는 줄 알았어요 2) 없는 줄 알았어요
3) 한국 사람인 줄 알았어요 4) 건강한 줄 알았어요
5) 모델인 줄 알았어요

1과~5과 복습

1. 1) 유의하세요 2) 편의 시설 3) 자취 4) 젖었어요
5) 지연되어서 6) 보상해 7) 설치하기 8) 품절
9) 공중도덕 10) 대출 11) 흔들렸어요 12) 연체료
13) 마음먹었어요 14) 개선되면 15) 붐벼요 16) 줄였어요
17) 조절했어요 18) 흔한 19) 늘어서 20) 속상해요

2. 1) 대기업 2) 끝났으니
3) 볼 만한 4) 오는지 모르겠어요
5) 무조건 6) 크든지 작든지
7) 자는 척해요 8) 들어오기가 무섭게
9) 갔다가 10) 재미있는 모양이에요
11) 시작하기에 앞서 12) 인터넷을 통해서
13) 한국어 공부에다가 14) 왔으므로
15) 피우지 마시오 16) 찾지 않으면 안 돼요
17) 거절당했어요 18) 팔리는
19) 내릴 뻔했어요 20) 입학하고자

3. 1) 돈이 많든지 돈이 적든지 그 사람과 결혼할 거예요.
2) 그림을 그렸다가 마음에 안 들어서 (그림을) 지웠어요.
3) 늦게 출발해서 기차를 놓칠 뻔했지만 다행히 기차를 탔어요.

6과~10과 복습

1\. 1) 끊임없이 2) 성과 3) 문화유산 4) 화창해서
5) 정상 6) 인내심 7) 문의하세요 8) 물려주기
9) 조화롭게 10) 각자 11) 체험 12) 담그는
13) 보관했어요 14) 시도해 15) 익혀서 16) 간소해졌어요
17) 빚으면 18) 납작해요 19) 깨물면 20) 곡식

2\. 1) 같아 2) 먹었어 / 먹었니 / 먹었냐
3) 가자 4) 피우지 마라
5) 사랑스러워요 6) 자는 게 틀림없어요
7) 먹는다고 해요 8) 먹자고 했어요
9) 노력에 따라 10) 하곤 해요
11) 비싸냐고 해요 12) 주라고 하셨어요
13) 나이부터 14) 써 버렸어요
15) 일했던 16) 습관으로 인해서
17) 재미있으면서도 18) 엎드린 채로
19) 할까 싶어요 20) 있는 줄 알았어요

3\. 1) 젖은 옷을 입은 채로 잠을 자면 감기에 걸려요.
/ 젖은 옷을 입은 채로 잠을 자서 감기에 걸렸어요.
2) 엄마가 김치를 담그셨는데 (김치가) 맛있어서 다 먹어 버렸어요.
3) 옛날에 자주 갔던 노래방이 없어져서 다른 노래방에 갔어요.

알기 쉽고 재미있는

중앙 한국어 워크북

3

하

차 례

11과 좋은 데 갔다 왔나 봐요 • 103
12과 얼마나 감명 깊게 읽었는지 몰라요 • 109
13과 맞선이나 소개팅이나 모두 중매예요 • 115
14과 더 많이 알려 주세요 • 121
15과 빠른 것이 느린 것만 못할 때도 있어요 • 132
16과 다른 나라에 비해 아주 빠른 경제 성장을 이루었어요 • 138
17과 물은 아무리 써도 계속 나온다고 생각했어요 • 144
18과 손가락으로 꼽을 정도로 적어요 • 151
19과 한국어를 배우기 어려울까 봐 만드신 거예요 • 157
20과 꼭 말로 해야 아는구나 • 163

정답지 • 179

11과 좋은 데 갔다 왔나 봐요

I. 어휘 연습

축제	전야제	진흙	해수욕장	연예인	개그
재능	결승전	상금	마감일	민속	우두머리
출연하다	초청하다	알려지다	개최하다	계승하다	

1) 성주 씨가 __________을/를 자주 해서 반 분위기가 예전보다 많이 좋아졌어요.

2) 우리나라 __________들이 해외 텔레비전 방송에도 많이 나와요.

3) 오늘 우리 학교 농구팀이 __________을/를 했는데 이겼어요.

4) 우리 학교 축제 때 내가 노래를 했는데 1등을 해서 __________을/를 받았어요.

5) 벌써 3시 30분이에요? 은행 문이 닫기 전에 빨리 은행에 가야 해요. 오늘이 관리비 __________(이)라서 꼭 오늘까지 내야 하거든요.

6) 우리나라에서 올림픽을 __________.

7) 우리 학교는 매년 축제 때 유명한 가수를 __________.

8) 우리 아빠는 어렸을 때 무엇이든지 잘해서 동네 __________였다고 해요.

9) 내일부터 부산 국제 영화제가 개최돼요. 오늘 밤에 __________을/를 하는데 유명한 영화배우들이 많이 올 것 같아요.

10) 한국의 __________(으)로 부산의 해운대, 강릉의 경포대가 유명해요.

11) 여름에 대천 해수욕장에서 머드 축제를 하는데 ________을/를 몸에 바르고 놀면 재미있어요.

12) 내가 좋아하는 가수가 어제 텔레비전에 처음 ____________.

13) 세종대왕은 한글을 만들어서 위대한 왕으로 ____________.

14) 직업을 결정할 때는 자기가 그 일에 ________이/가 있는지 없는지를 알아보고 하는 것이 중요해요.

15) 축제에 가서 우리나라 ________ 음악을 듣고, 전통 음식을 먹을 수 있어요.

16) 가을에 청계천에서 등불 ________을/를 한다고 하니까 친구와 꼭 같이 가 볼 거예요.

17) 우리나라 전통을 후손들이 잘 ____________ 것이 아주 중요해요.

MEMO

II. 문법과 표현

1. V-(으)려다가

1) 가: 성주 씨, 어제 왜 생일 파티에 안 왔어요?
   나: ______________ 갑자기 일이 생겨서 못 갔어요. 미안해요.

2) 가: 왜 비빔밥을 시켰어요?
   나: 냉면 ______________ 비빔밥이 맛있을 것 같아서 비빔밥을 시켰어요.

3) 가: 라면 안 끓여요?
   나: 라면을 ______________ 나중에 배고플 것 같아서 밥을 해요.

4) 가: 아까 내가 준 노래 안 들어요?
   나: 그 노래 ______________ 그 노래는 나중에 집에서 혼자 들으려고 다른 노래를 들어요.

5) 가: 왜 아직 퇴근 안 했어요?
   나: ______________ 갑자기 일이 생겨서 일하고 가려고요.

듣다	가다	먹다	끓이다	퇴근하다

2. 뭐니 뭐니 해도

1) 가: 우리 무엇을 시킬까요?
   나: 이렇게 더운 날씨에는 ______________________이/가 최고죠.

2) 가: 전라북도 전주는 뭐가 유명해요?
   나: 전라북도 전주는 ______________________이/가 유명하죠.

3) 가: 민수 씨가 감기에 걸렸나 봐요.
   나: 감기에 걸렸을 때는 ______________________이/가 중요해요.

4) 가: 비가 오네요. 우리 한잔할까요?
   나: 좋아요. 이렇게 비 오는 날에는 ______________________이/가 제일이죠.

5) 가: 어떻게 하면 한국어를 잘할 수 있을까요?
   나: 혼자 공부하는 것도 중요하지만 ______________________이/가 중요한 것 같아요. 그렇게 하지 않으면 말하기 실력이 안 좋아져요.

휴식	맥주	비빔밥	막걸리에 부침개	한국 사람과 대화하는 것

3. V-나 보다

1) 가: 왕명이 왜 아직 수업에 안 올까요?

나: 잠을 ________________.

2) 가: 왜 저렇게 공부를 열심히 해요?

나: 내일 시험을 ________________.

3) 가: 밖에 길이 젖어 있어요.

나: 아까 ________________.

4) 가: 진나 씨가 저녁을 안 먹네요.

나: 오늘 친구를 만났다고 하니까 밖에서 ________________.

5) 가: 진수 씨가 어제 모임에서 중국어 통역을 했다고 해요.

나: 진수 씨가 ________________.

보다	자다	비가 오다	밥을 먹다	중국말을 잘하다

4. V-는 길에 // V-는 길이다

1) 가: 우체국이 어디예요?

나: 기숙사 알지요? 기숙사 ________________ 있어요.

2) 가: 엄마, 저 부르셨어요?

나: 응. 학교에 갔다가 집에 ________________ 병원에 갔다 와. 할머니가 편찮으셔.

3) 가: 여보, 지금 어디예요?

나: 지금 일이 다 끝나서 ________________.

4) 가: 출근 시간에 늦겠어요.

나: 늦어도 ________________ 유미를 꼭 유치원에 데려다 주세요.

5) 가: 이렇게 공항에서 만나니까 정말 반갑네요. 어디로 여행가세요?

나: 아니에요. 여행을 갔다가 집에 ________________.

오다	가다	출근하다	퇴근하다	돌아가다

III. 듣기 연습

01 다음 대화를 듣고 (   )에 쓰십시오.

(밖에서 가수가 노래하는 소리)

왕명(남): 이제 축제를 (   ). 유명한 연예인들이 온다고 들었는데…….

유미(여): 이렇게 시끄러우면 오늘 공부하기는 힘들겠다.

왕명(남): 나도 여자 친구랑 데이트(   ) 시험 때문에 공부 좀 하려고 왔는데…….

유미(여): 저렇게 해마다 두 번씩 (   )들을 불러서 (   )를 하면 돈이 정말 많이 들 텐데…….

왕명(남): 어떤 가수는 출연료가 2천만 원이 넘는다고 해.

유미(여): 뭐? 그렇게 많이? 보통 가수 두세 팀 (   ) 그 돈이 다 얼마야?

왕명(남): 그러게. 학생들이 직접 (   ) 학생이 축제의 중심이 될 수 있고 또 돈도 아껴서 장학금으로 줄 수도 있으니까 일석이조가 될 텐데…….

유미(여): 게다가 우리 학교에도 노래나 개그에 (   ) 있는 사람이 많으니까 그 학생들에게 출연할 기회도 주고 (   )도 주면 일석삼조지.

왕명(남): 그렇지. 내년부터는 학생 중심의 축제로 바뀌면 좋겠어.

MEMO

02 다음 대화를 듣고 (　　　　)에 쓰십시오.

앵커(여): 주말에 가볼 곳을 소개해 드리는 시간입니다.
오늘은 경기도 안성의 '(　　　　　　) 축제'를 소개해 드리겠습니다.
김민수 기잡니다.

기자(남): 9월 30일부터 10월 5일까지 경기도 안성에서 '바우덕이 축제'가 열립니다. '바우덕이'는 1848년 안성에서 태어나서 처음으로 남사당패의 여자 (　　　　　　)가 된 사람입니다. 바우덕이의 재능과 정신을 (　　　　　　) 위해 해마다 안성에서 (　　　　　　) 있는 이 축제는 올해로 (　　　)회가 됩니다.
이 축제에서는 한국의 전통 놀이 문화를 (　　　　　)할 수 있고, 안성의 옛 시장도 구경할 수 있습니다. 그리고 세계 (　　　　　) 축제의 회원국을 초청해 세계 여러 나라의 전통문화도 함께 체험할 수 있는 기회도 가질 수 있습니다.
한 해 평균 60만 명의 관광객이 방문한 이 바우덕이 축제는 올해 방문객 100만 명을 목표로 하고 있습니다. 시비에스(CBS) 뉴스 김민숩니다.

MEMO

12과 얼마나 감명 깊게 읽었는지 몰라요

I. 어휘 연습

운율	산문 문학	운문 문학	소설	수필
희곡	읽을거리	설명문	논설문	화제
교훈	논리적	인상적	서정적	흥미롭다
유능하다	끝내다	다듬다	적절하다	

1) 어제 미술관에서 본 그림이 참 ____________이어서/여서 기억에 많이 남아요.

2) 가: 아직 글을 다 못 썼어요?
나: 지금 내용은 다 썼는데 문장이 마음에 안 들어서 ____________ 있어요.

3) 반장은 일을 참 잘해요. 우리 반에서 제일 ____________ 사람이에요.

4) 가: 진나야, 일을 다 ____________?
나: 아직 안 끝났어. 조금만 기다려 줘.

5) 그 드라마는 ____________ 시청률이 높아요.

6) 시는 산문 문학이 아니라 ____________이에요/예요.

7) 소설, 수필, 희곡 등을 ____________(이)라고 해요.

8) 작가가 현실에 없는 이야기를 새롭게 만든 것을 ____________(이)라고 해요.

9) 작가가 자신의 경험을 자유롭게 쓴 글을 ____________(이)라고 해요.

10) 대화로 되어 있고 연극의 대본을 ____________(이)라고 해요.

11) 자신의 생각이나 주장을 쓴 글을 ____________(이)라고 해요.

12) 시는 ____________이/가 있어서 듣기에 아름다워요.

13) 읽는 사람들이 쉽게 이해할 수 있게 객관적으로 쓴 글을 ____________(이)라고 해요.

14) 성주 씨는 항상 ____________(으)로 말을 잘해서 주변 친구들이 성주 씨의 말을 잘 믿어요.

15) 그 가수가 부르는 노래의 가사는 ____________(이)라서 많은 사람들이 좋아하는 편이에요.

16) 《신데렐라》를 읽고 착하게 살아야 한다는 ____________을/를 얻었어요.

17) 가: 손님, 머리를 어떻게 해 드릴까요?
나: 그냥 짧게 잘라 주세요. 그리고 잡지 같은 ____________이/가 있으면 좀 주세요.

18) 가: 이 책이 요즘 그렇게 ____________이에요/예요?
나: 네, 맞아요. 요즘 이 책을 읽지 않으면 다른 사람과 대화가 안 돼요.

II. 문법과 표현

1. N치고(는)

1) 그 아이는 ________________ 자전거를 꽤 잘 탔어요.

2) 이 컴퓨터는 ________________ 아직 쓸 만해요.

3) 처음 우리 동아리에 들어온 ________________ 실력이 괜찮아요.

4) 이 대학은 ________________ 규모가 너무 작은 것 같아요.

5) 그 사람은 ________________ 키가 작아요.

중고	처음	농구 선수	신입 회원	종합 대학

2. A/V-(으)며 // N이며

1) 그 사람은 ________________________________.

2) 설악산의 숲은 ________________________________.

3) 이 문학 작품은 ________________________________.

4) 진나 씨는 ________________________________.

5) 아빠가 ________________________________.
엄마가 식사를 한 후에 신문을 보라고 하셨다.

서정적 / 감동적	영화감독 / 영화배우	푸르다 / 공기가 맑다
식사를 하다 / 신문을 보다	커피를 마시다 / 공부를 하다	

3. 얼마나 A/V-(으)ㄴ/는지 몰라요

1) 가: 어떤 음식을 시킬까요?

나: 비빔밥은 어때요? 이 식당 비빔밥이 ______________________.

2) 가: 휴대 전화를 잃어버려서 ______________________.

나: 빨리 하나 사야겠네요.

3) 가: 운전면허 시험에 세 번이나 떨어졌어요. ______________________.

나: 괜찮아요. 다음에는 꼭 붙을 거예요.

4) 가: 지난주에 제주도에 잘 갔다 왔어요?

나: 네, 제주도 경치가 ______________________.

5) 가: 여기 이 곰 인형을 좀 보세요. ______________________.

나: 정말 귀엽네요. 아이들에게 선물하면 좋아할 것 같아요.

맛있다	귀엽다	불편하다	아름답다	창피하다

4. 아무 N도

1) 가: 왕명 씨, 방금 밖에서 무슨 소리가 들리지 않았어요?

나: 아니요, ______________ 못 들었는데요.

2) 가: 주말에 어디에 갔었어요?

나: ______________ 안 갔어요. 집에 있었어요.

3) 가: 이번 주말에 시간 어때? 약속 있어?

나: 아니요, ______________ 없어요.

4) 가: 할아버지께서 뭐라고 하셨어요?

나: ______________ 없으셨어요.

5) 가: 왜 그러세요? 나한테 볼일이 있어요?

나: 아니요, ______________ 아니에요.

일	데/곳	약속	말씀	소리

III. 듣기 연습

01 다음 대화를 듣고 (   )에 쓰십시오.

왕명(남): 유미 씨, 시와 소설의 (   )이 뭐예요? 좀 가르쳐 주세요.

유미(여): 시의 생명은 '(   )'이에요. 운율이 무엇인지 알지요?

왕명(남): 네, 강하고 약한 음, 높고 낮은 음이 있어서 (   )와 같은 느낌이 나는 것이라고 알고 있어요.

유미(여): 맞아요. (   )는 이렇게 운율이 중요해요. 하지만 (   )에서는 운율이 나타나지 않아요. 소설은 작가가 만든 인물이 나와서 자신의 이야기를 만들어요.

왕명(남): 아, 그렇군요. 그럼 한국의 대표적인 시랑 소설에는 무엇이 있어요?

유미(여): 글쎄요. 너무 많아서 다 이야기하기는 힘드니까 대표적인 것만 가르쳐 줄게요. 시는 김소월 시인의 '진달래꽃'이 유명하고요, 소설은 《홍길동전》이 대표적이에요.

왕명(남): '진달래꽃'은 저도 학교에서 배웠어요. 선생님께서 그 시는 (   )로도 만들어졌다고 하셨어요.

유미(여): 그래요. 시와 (   )은 서로 비슷한 점이 있어서 노래로 많이 만들어요.

왕명(남): 그럼 소설 《홍길동전》은 어떤 작품이에요?

유미(여): 《홍길동전》은 허균이라는 사람이 지은 것이에요. (   )로 지어진 최초의 소설인데 홍길동은 소설 주인공의 이름이에요. 한번 읽어 보세요. (   ).

왕명(남): 그래요? 꼭 찾아서 읽어봐야겠네요.

02 다음 대화를 듣고 (   )에 쓰십시오.

마이클(남): 제인 씨, 안녕하세요. 정말 오랜만이네요.

제 인(여): 네, 마이클 씨, 오랜만이에요. (   ) 참 춥네요.

마이클(남): 그런데 제인 씨, 어디 아파요? 얼굴이 안 좋아 보여요.

제 인(여): 글쎄요, (   ) 없는데 그냥 우울하네요. 빨리 고향에 가고 싶어요.

마이클(남): (   )에 걸렸나 보네요.

저도 향수병으로 (   ).

제 인(여): 향수병이요? 저는 처음 들어보는 병명인데요.

마이클(남): 고향에 오랫동안 가지 못해서 고향과 가족이 그리워지는 병이에요.

제 인(여): 네, 정말 그런 것 같아요. 그럼 어떻게 해야 해요? 당장 집으로 갈 수도 없고…… 마이클 씨는 향수병에 걸렸을 때 어떻게 했어요?

마이클(남): 저는 부모님이나 친한 친구와 (   )를 많이 했어요. 목소리라도 듣고 싶어서요. 그런데 그것보다 더 도움이 된 것은 지금 제 옆에 있는 사람들이었어요.

제 인(여): 함께 공부하고 있는 (   )이요?

마이클(남): 맞아요. 그 친구들이 제인 씨와 같은 (   )이니까 제인 씨를 가장 잘 이해할 수 있어요. 함께 이야기해 보면 친구들도 같은 고민을 하고 있을 거예요. 제인 씨가 먼저 이야기해 보세요. 이야기를 하고 나면 훨씬 나아질 거예요.

제 인(여): 마이클 씨 말처럼 내일 당장 친구들과 제 (   )을 이야기해 봐야겠어요. 그런데 벌써 기분이 좋아지는 것 같은데요?

13과 맞선이나 소개팅이나 모두 중매예요

I. 어휘 연습

맞선	소개팅	중매	주선자	배우자
궁합	실연	매력	안색	외모
오히려	설레다	반하다	고백하다	떨리다
뽐내다	어색하다			

1) 결혼 전 날에 너무 ______________ 잠을 못 잤어요.

2) 소개팅에서 만난 여자에게 첫눈에 ______________.

3) 우리 부모님은 친구 소개로 만나서 __________ 결혼을 하셨어요.

4) __________은/는 결혼 상대자를 만나려고 할 때 하는 것이고, __________은/는 결혼과 관계없이 좋은 이성 친구를 만나려고 할 때 하는 거예요.

5) 저는 사람을 만날 때 그 사람의 __________보다는 성격을 많이 봐요.

6) 우리 선생님은 얼굴도 예쁘고 실력도 좋은 __________적인 분이에요.

7) 어제 맞선을 볼 때 너무 긴장해서 말할 때 목소리가 ______________.

8) 제 친구는 __________을/를 당한 후에 며칠 동안 밥도 먹지 못하고 있어요.

9) 저 두 사람은 __________이/가 잘 맞기 때문에 결혼한 후에 아주 잘 살 거예요.

10) 유미 씨의 __________이/가 안 좋은 걸 보니 무슨 일이 있나 봐요.

11) 혼자 사랑하는 사람이 있었는데 지난 주말에 사랑한다고 ______________.

12) 회사 일 때문에 예전 여자 친구와 일을 하게 되었는데 너무 ______________.

13) 맞선을 통해 결혼을 하게 되면 __________에게 옷을 선물해요.

14) 남자나 여자나 좋은 _________을/를 만나면 행복한 결혼 생활을 할 수 있어요.

15) 어제 유미 씨는 친구들에게 자신의 실력을 ______________.

16) 유미 씨는 자신이 약속 시간에 늦었으면서 ____________ 나에게 화를 냈어요.

MEMO

II. 문법과 표현

1. N(이)나 N(이)나

1) 가: 약속 장소에는 무엇을 타고 가는 게 좋을까요?
   나: 대중교통이라면 ______________ 모두 다 괜찮아요.

2) 가: 이 시계는 남성용이에요, 여성용이에요?
   나: 이것은 ______________ 모두 다 사용할 수 있는 시계예요.

3) 가: 술과 담배 중에 무엇이 건강에 안 좋을까요?
   나: ______________ 건강에 모두 안 좋아요.

4) 가: 중국집에 식사를 주문하려고 하는데 무엇을 드실래요?
   나: ______________ 아무거나 다 괜찮아요.

5) 가: 체육 대회에서 어떤 운동을 하는 게 좋을까요?
   나: ______________ 여러 사람이 할 수 있는 운동이 좋을 것 같아요.

술 / 담배	축구 / 농구	남성 / 여성	버스 / 지하철	자장면 / 짬뽕

2. V-(으)려면

1) 가: 해외여행을 가고 싶은데 무엇을 준비해야 해요?
   나: 해외여행을 ______________ 먼저 여권을 준비해야 해요.

2) 가: 다이어트를 하고 싶은데 어떻게 해야 할지 모르겠어요.
   나: 다이어트를 ______________ 운동을 하세요. 그리고 음식을 조절해서 먹어야 해요.

3) 가: 유미 씨는 어떻게 부자가 되었어요? 저도 부자가 되고 싶어요.
   나: 부자가 ______________ 돈을 아껴 써야 해요. 그리고 부지런해야 해요.

4) 가: 이번에는 시험에 꼭 합격해야 하는데 정말 걱정이에요.
   나: 시험에 ______________ 열심히 공부해야 해요.

5) 가: 옷을 싸게 사고 싶은데 어디에 가면 돼요?
   나: 옷을 싸게 ______________ 동대문 시장에 가세요.

하다	되다	가다	사다	합격하다

3. V-아/어 놓다 / 두다

1) 가: 영화 보고 싶은데 표가 있을지 모르겠어요. 표가 없으면 어떻게 해요?

나: 걱정하지 마세요. 내가 진나 씨와 영화를 보려고 미리 ______________.

2) 가: 엄마, 제가 아침에 말씀드린 것 주문하셨어요?

나: 그럼, 맛있는 피자를 ______________.

3) 가: 제가 어제 잃어버린 가방이 어디에 있어요?

나: 내가 찾아서 유미 씨에게 ______________.

4) 가: 무슨 음료수를 샀어요?

나: 사람들이 좋아하는 것이 모두 다를 것 같아서 다양한 음료수를 ______________.

5) 가: 오늘 파티를 위해 무엇을 준비했어요?

나: 우선 집을 깨끗하게 한 후 음식을 ______________.

사다	맡기다	준비하다	예매하다	주문하다

4. A/V-(으)ㄴ/는 것은 당연하다

1) 가: 저 사람 오늘 기분이 아주 좋은 것 같아요.

나: 합격 소식을 들었으니 기분이 ______________.

2) 가: 오늘 왜 회사에 안 가요?

나: 오늘이 공휴일이니 회사에 안 ______________.

3) 가: 이 음식은 왜 이렇게 짜요?

나: 소금을 넣었는데 간장까지 더 넣었으니 음식이 ______________.

4) 가: 점심을 많이 먹었는데 왜 이렇게 배가 고프지요?

나: 오후 내내 무거운 짐을 옮겼으니 배가 ______________.

5) 가: 어머니께서 왜 아직 못 주무시지요?

나: 식구들이 집에 아직 안 들어왔으니 못 ______________.

짜다	가다	좋다	고프다	주무시다

III. 듣기 연습

01 다음 대화를 듣고 (   )에 쓰십시오.

남: (목소리에 힘이 없이) 어, 왔어? 며칠 못 본 동안에 얼굴이 많이 안 좋아졌네.

여: 오빠를 못 만났는데 안 (   ). 그렇게 말하는 오빠도 (   )이 안 좋은 건 마찬가지야.

남: 특별한 일도 아닌데 싸워서 서로 힘들기만 했던 것 같아. 며칠 생각해 봤는데, 내가 먼저 사과를 하는 게 좋을 거 같아. 그날 (   )을 못 지켜서 미안해.

여: 아니야. 나도 생각 많이 했어. 오빠가 회사 일 때문에 늦은 건데 내가 너무 심하게 화를 낸 거 같아. (   ) 내가 더 미안해.

남: 아니야. 내가 많이 늦었으니까 네가 (   ). 사실 내가 아직 (   ) 사원이라서 회사에서 마음대로 할 수가 없어. 잘해 주지 못해서 미안해.

여: 회사를 (   ) 어쩔 수 없잖아. 미안해하지 마.

남: 그래, 어쨌든 다음부터는 약속에 늦지 않을게.

MEMO

02 다음 대화를 듣고 (   )에 쓰십시오.

(따르릉 따르릉)

여: 여보세요?

남: 누나, 나야, 마사키. 방금 누나가 소개한 누나 후배랑 헤어지고 전화하는 거야.

여: 어머, 그래? 어땠어? 내 후배 괜찮은 아이인데, 아주 오래 같이 있었네. 저녁 먹고 어디 갔다 왔어?

남: 응, 저녁 먹고 맥주 한잔 하고 (   ). 처음 만나서 잘 모르겠지만 성격도 괜찮은 것 같고, (   )도 내 이상형이야.

여: 그렇지? 우리 과에서도 제인을 좋아하는 남자 후배들이 아주 많아. 네가 마음에 들어 (   ). 너랑 성격이 잘 맞는 것 같아? 그러면 내가 제인이랑 얘기 한번 해 볼까?

남: 사실 그것 때문에 전화했어. 내가 제인을 여자 친구로 (   ) 누나의 도움이 필요해서. 그런데 제인이 나를 어떻게 생각하는지 모르겠네. 오늘 옷도 예쁘게 입고 그랬는데.

여: 너도 충분히 (   ) 있으니까 제인도 괜찮게 봤을 거야. 너 제인한테 정말 (   )? 소개팅하고 이렇게 (   ) 전화하는 건 처음인 것 같은데.

남: 그래? 나도 잘 모르겠어. 소개팅해서는 이상형 만나기 쉽지 않은데, 이상형을 만나서 그런 것 같아. 누나 정말 고마워. 제인한테 내 이야기 좀 잘 해 줘. 다음에 내가 좋은 데서 밥 한 번 살게.

여: 그래. 나도 너희 둘이 잘 (   )고 생각했어. 제인이랑 통화해 보고 다시 연락해 줄게.

14과 더 많이 알려 주세요

I. 어휘 연습

가족주의	별명	호칭	직함	어르신
시아버지	시어머니	시누이	외삼촌	장모님
장인어른	조부모	장수	수명	양보하다
집합	신체	다문화 센터	적응하다	시집오다

1) 한국은 ____________이므로 호칭이 많은 편이에요.

2) 개의 ____________은/는 보통 15년쯤 돼요.

3) 동네 사람들은 마을 ____________들을 모시고 잔치를 했어요.

4) 버스에서는 나이가 많으신 분들께 자리를 ____________ 해요.

5) 그 분은 동창회장, 사장 등 여러 개의 ____________을/를 가지고 있어요.

6) 나는 어렸을 때 키가 커서 '키다리'라는 ____________이/가 있었어요.

7) 내 친구는 그 사람을 '선배'라는 ____________ 대신 '오빠'라고 불렀어요.

8) ____________이/가 건강해야 유학 생활도 잘할 수 있어요.

9) 할아버지와 할머니를 ____________(이)라고 해요.

10) 내일 문화체험으로 민속촌에 가기로 해서 9시까지 운동장에 __________해야 해요.

11) 한국에 온 지 1년 정도 되니까 한국 생활에 많이 ____________ 생활에 불편함이 없어요.

12) 유미 씨는 __________을/를 친아버지처럼 생각하며 잘 지냈어요.

13) 남편의 어머니인 __________와/과 며느리 사이가 안 좋은 경우가 많은 것 같아요.

14) 남편의 누나와 여동생을 __________(이)라고 하는데 친구처럼 잘 지내면 좋을 것 같아요.

15) 외할머니 댁에 가니까 이모와 __________이/가 반갑게 인사를 해 주셨어요.

16) 남편은 결혼하자마자 우리 엄마, 아빠에게 __________, __________(이)라고 말했어요.

17) 우리 동네는 100살이 넘은 할아버지, 할머니들이 많아서 __________ 마을이라고 불려요.

18) 우리 동네에는 외국에서 한국으로 __________ 사람들이 많아요.
그래서 집 근처에 __________이/가 있다.

MEMO

II. 문법과 표현

1. N시키다

1) 가: 아무래도 우리가 음식을 너무 많이 시킨 것 같은데…….
   나: 그럼 주문한 음식 중에서 냉면은 ______________.

2) 가: 저 자동차 좀 보세요. 검은 연기가 엄청나군요.
   나: 저런 자동차들이 깨끗한 공기를 ______________고 있어요.

3) 가: 김 선생님! 무슨 생각을 그렇게 열심히 하세요?
   나: 아! 이 문법을 학생들에게 어떻게 __________면 좋을까 고민하고 있었어요.

4) 가: 요즘 우리 개가 살이 쪄서 걱정이에요.
   나: 매일 __________세요. 움직여야 살이 빠지죠.

5) 가: 왕명, 오늘 밖에서 같이 놀 수 있지?
   나: 안 돼. 오늘 엄마가 손님오신다고 ______________.

운동	이해	청소	오염	취소

2. -이/히/리/기/우/추-

1) 저기요, 저 치마 좀 ______________ 주세요.

2) 아침 8시에 모이자고요? 너무 빨라요. 조금 ______________.

3) 밖이 추우니까 나가기 전에 아이들에게 옷을 많이 ______________.

4) 이 광고지를 게시판에 ______________.

5) 동생하고 잘 놀아. ______________ 말고.

입다	울다	보다	늦다	붙다

3. A/V-(으)ㄹ 뿐만 아니라 // N일 뿐만 아니라

1) 가: 성주 씨 여자 친구가 어때요?

나: 얼굴이 ______________________ 요리도 잘해요.

2) 가: 새로 시작한 일 마음에 들어요?

나: 네, ______________________ 월급도 많아서 마음에 들어요.

3) 가: 그분은 정말 훌륭한 의사 선생님이에요.

나: 네, 훌륭한 ______________________ 어려운 사람들을 잘 도와주는 분이세요.

4) 가: 내일 날씨가 더 추워져요?

나: 네, 더 ______________________ 눈도 온다고 해요.

5) 가: 그 식당 음식이 어때요?

나: ______________________ 가격도 싸요.

의사 선생님	춥다	맛있다	예쁘다	재미있다

4. V-게 하다

1) 가: 진나 씨가 감기 몸살에 걸렸나 봐요.

나: 그러면 좀 ____________________ 하세요.

2) 가: 우리 아이들이 자꾸 싸우는데 ____________________ 하는 방법이 없을까요?

나: 유미 씨와 남편이 서로 사이좋은 모습을 많이 보여 주세요.

3) 가: 1시간 후에 발표인데 정말 떨려요. ____________________ 하는 방법을 알아요?

나: 글쎄요. 따뜻한 물을 마시면 좀 나아질 것 같아요.

4) 가: 내 동생은 내가 아무리 말을 해도 내 말을 믿지 않아요.

나: 동생이 왕명 씨 말을 __________ 하려면 평소에 동생에게 믿음을 줘야 해요.

5) 가: 나는 수미 씨가 정말 마음에 들어. 나한테 ____________ 하려면 어떻게 해야 할까요?

나: 수미 씨에게 네 진심을 보여 주세요.

믿다	쉬다	시집오다	떨리지 않다	싸우지 않다

사동

사동: 다른 사람에게 어떤 동작을 하게 하는 것

예) ① **학생들이** 책을 읽는다.
(주어) (동사)

➡ **선생님이** ***학생들에게*** 책을 *읽힌다*.
(주어) (사동사)

② **아이가** 운다
(주어) (동사)

➡ **어머니가** *아이를* *울린다*.
(주어) (사동사)

1. 명사 + 시키다

- 어머니가 아이를 **목욕시켜요**.
- 동생이 아파서 엄마가 동생을 병원에 **입원시켰어요**.

2. 동사/형용사 + -이-, -히-, -리-, -기-, -우-, -추-

: 의미가 두 가지이다.

- **어머니가 민수에게 옷을 입혔다.**

(어머니가 직접 옷을 입혔다. / 민수가 어머니의 말을 듣고 옷을 입었다.)

- **어머니가 아이에게 피자를 먹였다.**

(어머니가 직접 피자를 입에 넣어줬다. / 아이가 어머니의 말을 듣고 피자를 먹었다.)

3. 동사 + -게 하다

: 의미가 하나이다.

- **어머니가 민수에게 옷을 입게 했다.**

(민수가 어머니의 말을 듣고 옷을 입었다.)

- **어머니가 아이에게 피자를 먹게 했다.**

(아이가 어머니의 말을 듣고 피자를 먹었다.)

-이-	**보다** **보이다**	학생들이 영화를 보다. 선생님이 학생들에게 영화를 보여 주다.
	먹다 **먹이다**	아기가 밥을 먹다. 엄마가 아기에게 밥을 먹이다.
	붙다 **붙이다**	편지 봉투에 우표가 붙어 있다. (내가) 편지 봉투에 우표를 붙이다.
	죽다 **죽이다**	주인공이 죽다. 나쁜 사람이 주인공을 죽이다.
	끓다 **끓이다**	국이 끓다. 엄마가 국을 끓이다.
-히-	**읽다** **읽히다**	학생들이 책을 읽다. 선생님이 학생들에게 책을 읽히다.
	앉다 **앉히다**	아이가 의자에 앉다. 엄마가 아이를 의자에 앉히다.
	익다 **익히다**	고기가 익다. 요리사가 고기를 익히다.
	넓다 **넓히다**	방이 넓다. (내가) 방을 넓히다.
	입다 **입히다**	아이가 옷을 입다. 엄마가 아이에게 옷을 입히다.

-리-	**알다** **알리다**	사람들이 소식을 알다. (내가) 사람들에게 소식을 알리다.
	살다 **살리다**	환자가 살다. 의사가 환자를 살리다.
	울다 **울리다**	아이가 울다. 엄마가 아이를 울리다.
-기-	**맡다** **맡기다**	내가 친구의 가방을 맡다. 친구가 나에게 가방을 맡기다.
	웃다 **웃기다**	사람들이 웃다. 개그맨들이 사람들을 웃기다.
	씻다 **씻기다**	아이가 발을 씻다. 엄마가 아이의 발을 씻기다.
	남다 **남기다**	밥을 조금만 먹어서 밥이 많이 남다. 아이가 배가 불러서 밥을 많이 남기다.
	벗다 **벗기다**	아이가 신발을 벗다. 엄마가 아이의 신발을 벗기다.
	신다 **신기다**	아이가 신발을 신다. 엄마가 아이에게 신발을 신기다.
	감다 **감기다**	아이가 머리를 감다. 엄마가 아이의 머리를 감기다.
-우-	**서다** **세우다**	차가 서다. 경찰이 차를 세우다.
	타다 **태우다**	학생들이 차를 타다. 선생님이 학생들을 차에 태우다.
	비다 **비우다**	커피 잔이 비다. 선생님이 커피를 마셔서 커피 잔을 비우다.

-우-	깨다 깨우다	아기가 깨다. 엄마가 아기를 깨우다.
	자다 재우다	아기가 잠을 자다. 엄마가 아기를 재우다.
-추-	늦다 늦추다	(내가) 약속 시간에 늦다. (내가) 차가 막혀서 약속 시간을 늦추다.

사동사 연습

※ 다음 빈칸에 알맞은 단어를 넣으십시오.

1) 친구는 나에게 여행 사진을 ______________ 주었어요. (보다)

2) 아기가 감기에 걸려서 엄마는 아이에게 약을 ______________. (먹다)

3) 선생님이 벽에 지도를 ______________. (붙다)

4) 고양이가 쥐를 ______________. (죽다)

5) 나는 배가 고파서 라면을 ______________. (끓다)

6) 선생님이 학생들에게 책을 ______________. (읽다)

7) 친구를 의자에 ______________. (앉다)

8) 돼지고기는 꼭 ______________ 먹어야 해요. (익다)

9) 길이 좁아서 길을 ______________고 있어요. (넓다)

10) 감기에 걸렸으니까 아기에게 옷을 많이 ______________(으)세요. (입다)

11) 내일 시험이 있다고 친구들에게 ______________ 주세요. (알다)

12) 의사가 수술을 해서 환자를 ______________. (살다)

13) 엄마가 아기를 ______________. (울다)

14) 세탁소에 겨울옷을 ______________. (맡다)

15) 그 사람은 재미있어서 항상 우리를 ______________. (웃다)

16) 엄마가 아기의 얼굴을 ______________. (씻다)

17) 배가 불러서 음식을 ______________. (남다)

18) 아기의 옷이 너무 더러워서 엄마가 아기의 옷을 ______________. (벗다)

19) 엄마는 아이에게 신발을 ______________. (신다)

20) 엄마가 아기의 머리를 ______________. (감다)

21) 여기는 복잡하니까 주차장에 차를 ______________(으)세요. (서다)

22) 아버지는 동생을 차에 ______________고 학교에 가셨어요. (타다)

23) 쓰레기가 너무 많으니까 쓰레기통을 ______________(으)세요. (비다)

24) 내일 일찍 일어나야 하니까 6시에 ______________ 주세요. (깨다)

25) 아기를 밤 9시 전에 꼭 ______________(으)세요. (자다)

26) 아침에 길이 많이 막혀서 출근 시간을 한 시간 ______________. (늦다)

III. 듣기 연습

01 다음 대화를 듣고 (   )에 쓰십시오.

여러분은 혹시 (   )이 있었습니까? 어떤 별명이었습니까? 그 별명은 무엇 때문에 생겼지요?

우리가 어릴 때는 키가 크다고 해서 '키다리', 뚱뚱하다고 해서 '돼지', 성이 변 씨라서 '변기', 눈이 크다고 해서 '왕눈이' 등 (   )의 특성이나 이름으로 별명을 많이 (   ).

그런데, 한국인들의 별명 중에는 '(   )' 같이 의미가 이상한 별명도 있는데요, 이것은 바로 '(   )'를 기원하기 위해서 붙여진 것입니다. 별명과 (   )이 무슨 상관이 있냐고요? 사실 상관이 있습니다.

옛날에는 어느 나라나 지금처럼 병원도 많지 (   ) 식량도 많지 않아서 태어난 지 얼마 되지 않은 아이들이 죽는 경우가 많았습니다. 옛날 사람들은 이 아이들을 귀신이 와서 잡아간다고 믿었습니다. 그래서 귀신들이 아이들을 잡아가지 (   ) 위해 이렇게 더러운 의미의 이름이나 귀신이 싫어하는 종류의 이름을 붙였습니다.

사실, 요즘은 이런 이야기를 믿는 사람이 많지 않습니다. 그래서 이런 이름을 (   ) 경우도 많지 않습니다. 여러분은 이런 이야기를 믿습니까? 혹시 여러분 나라에도 이런 풍습이 있습니까?

02 다음 대화를 듣고 (　　　　)에 쓰십시오.

캐스터(남): 오늘 '이웃을 만나다' 코너에서는 한국에 시집온 '줄리아' 씨를 만나 보겠습니다. (줄리아에게) 안녕하세요?

줄리아(여): 안녕하세요?

캐스터(남): 한국에 (　　　　　　　) 지는 얼마나 되셨어요?

줄리아(여): (　　)년 조금 못 됐어요.

캐스터(남): 그래요? 그럼 이제 한국 생활에 많이 적응되셨겠군요.

줄리아(여): 네, 많이 적응했지만 아직 더 배워야죠.

캐스터(남): 한국말 잘하시는 것 같은데요. 한국말도 잘하시고 한국 음식도 잘 만드신다고 들었어요.

줄리아(여): 그렇지 않아요. 이제 조금 할 줄 알아요. 하지만 처음에는 정말 많이 힘들었어요.

캐스터(남): 네, 그중에 뭐가 제일 힘드셨어요?

줄리아(여): 만나는 친척마다 (　　　　　)이 달라서 어려웠어요.

캐스터(남): 아, 그렇죠? 한국의 사회와 문화는 전통적으로 (　　　　　　　　)에서 시작되었기 때문에 가족에 대한 호칭도 많고 복잡하죠. 이제는 다 아세요?

줄리아(여): 네, 물론이죠. 제가 어려워하니까 (　　　　　) 분들이 자주 오셔서 잘 알 수 있게 알려 주세요. 그리고 집 근처 (　　　　　　　　　)에서 한국어와 한국 문화를 배우니까 더 빨리 알게 되었어요. 그분들한테 항상 고마워요.

캐스터(남): 네, 그렇군요. 앞으로 한국 생활에서 바라는 것이 있으세요?

줄리아(여): 특별한 것은 없어요. 그냥 우리 가족 모두 (　　　　　)하고 (　　　　　)했으면 좋겠어요. 그리고 좀 더 자주 고향에 갔으면 좋겠고요.

캐스터(남): 네, 오늘 여기 나와 주신 데 대한 감사의 선물로 부부 (　　　　　　)을 선물해 드릴 테니까 고향에 가시면 되겠군요. 그리고 앞으로 한국 생활도 더 즐겁게 하시기 바랍니다. 고맙습니다.

15과 빠른 것이 느린 것만 못할 때도 있어요

I. 어휘 연습

개인	집단	디지털	경쟁력	국제결혼
거부감	단일 민족	긍정적	부정적	원인
친척	관습	속도	여유	독신
이루다	들다	지나치다		

1) 서양에서는 내 집, 내 가족이라고 하는데 한국에서는 우리 집, 우리 가족이라고 해요. 이것은 한국인이 __________보다는 __________을/를 중요하게 생각하기 때문인 것 같아요.

2) 한국은 아주 빠른 ________________(으)로 경제 발전을 ________________.

3) 한국은 _______________ 국가라서 다른 나라 사람과 결혼하는 _____________ 에 대해 과거에는 _________이/가 있었어요. 하지만 요즘은 그렇지 않은 것 같아요.

4) 결혼을 하지 않고 혼자 사는 _______ 여성이 많아져서 문제가 되고 있어요.

5) 한국에서는 '멀리에 사는 ______보다 가까이에 사는 이웃이 낫다'는 말이 있어요.

6) 한국의 '빨리빨리' 문화에 대해 옛날에는 ________________인 평가가 많았지만 요즘 같은 디지털 시대에는 _______________이/가 있다고 _______________인 평가를 받아요.

7) '빨리빨리' 문화는 여러 가지 한국 사회 문제의 ________________이/가 되기도 했어요.

8) 바쁜 도시를 떠나 시골에서 ________________ 있게 살고 싶어요.

9) 사회의 ____________________을/를 그대로 하지 않으면 문제가 생길 수 있어요.

10) ____________________ 시대에 '빨리빨리'는 좋은 점이 더 많은 편이에요.

11) 어제 명동에서 산 물건이 제일 마음에 ____________________.

12) 내 친구는 ____________________ 친절해서 주변 사람들이 무척 부담스럽다고 해요.

MEMO

II. 문법과 표현

1. N하다 // N되다

1) 가: 마지막으로, 책상을 정리해 주세요.
   나: 좋아요. 이제 책상이 ________________ 방이 더 깨끗해지겠네요.

2) 가: 선생님, 이번 시험을 다음 주로 좀 ________________ 주세요.
   나: 시험이 연기되어도 준비하기 어려운 건 마찬가지예요.

3) 가: 어떤 전공을 해야 할 지 걱정이에요.
   나: 전공을 ________________ 것이 쉬운 일은 아닌 것 같아요.

4) 가: 어제 오후에 무엇을 했어요?
   나: 우리 학교에서 전시회가 ________________ 구경했어요.

5) 가: 오늘 기분이 좋아 보이네요.
   나: 회의에서 내 의견이 ________________ 기분이 좋아요.

연기	결정	개최	선택	정리

2. V-도록

1) 가: 친구랑 같이 우리 집에서 놀아도 돼요?
   나: 아빠가 ________________ 조용히 해야 해.

2) 가: 음식을 왜 이렇게 예쁘게 만들어요?
   나: 아이들이 ________________ 예쁘게 만드는 거예요.

3) 가: 이번 한국어능력시험 합격했어?
   나: 아니, 잘 못 봤어. 다음에는 꼭 ________________ 더 노력해야겠어.

4) 가: 시험을 못 봐서 엄마가 화내실까 봐 너무 걱정돼요.
   나: 엄마가 ________________ 잘 말씀드리세요.

5) 가: 어떻게 하면 외국어를 잘할 수 있을까요?
   나: 배운 것을 잘 기억할 수 ________________ 항상 복습하는 것이 중요해요.

있다	합격하다	좋아하다	주무시다	화내지 않다

3. A/V-(으)ㄴ/는 반면에 // N인 반면에

1) 가: 동생도 왕명 씨처럼 키가 커요?

나: 아니요. 왕명 씨는 키가 ______________ 동생은 키가 작아요.

2) 가: 성주 씨가 좋아하는 그 가수가 어때요?

나: 춤을 잘 ______________ 노래를 잘 못해요.

3) 가: 유미 씨는 어떤 사람이에요?

나: 유미 씨는 ______________ 성격이 좋지 않아요.

4) 가: 왕명 씨가 영어를 잘해요?

나: 왕명 씨가 영어는 ______________ 한국어는 잘 못해요.

5) 가: 중간시험을 잘 봤어요?

나: 문법과 듣기는 잘 ______________ 읽기와 쓰기는 못 봤어요.

천재	추다	보다	크다	잘하다

4. N만 하다 // N만 못하다

1) 가: 요즘은 막걸리가 소주보다 더 인기가 많은 것 같아요.

나: 그래도 판매량은 막걸리가 ______________.

2) 가: 한국어 외에 또 다른 외국어를 배운다고 들었어요. 재미있어요?

나: 스페인어를 배워요. 하지만 재미가 ______________.

3) 가: 유미 씨는 키 작은 남자를 좋아하나 봐요.

나: 그런 것 같아요. 유미 씨 새 남자 친구 키가 옛날 ______________.

4) 가: 기말시험 성적 잘 나왔어요?

나: 성적이 ______________.

5) 가: 그 집은 동생이 형보다 더 똑똑해 보여요.

나: 맞아요. 형이 ______________. '형만 한 아우 없다'는 말이 틀릴 때도 있나 봐요.

동생	소주	한국어	남자 친구	중간시험

III. 듣기 연습

01 다음 대화를 듣고 (   )에 쓰십시오.

성주(남): 제인 씨, 오랜만에 우리 집에 놀러 가실래요?
우리 어머니께서 제인 씨 (   ) 하셨어요.

제인(여): 어머, 그래요? 성주 씨 어머님 (   ) 한번 가야겠네요.
그런데 성주 씨, 전부터 궁금한 게 있었는데 물어봐도 돼요?

성주(남): 그럼요. 뭐예요?

제인(여): 한국 사람들은 '(   )'라는 말을 왜 그렇게 많이 쓰는 거예요? 성주 씨도 방금, '우리 집, 우리 어머니'라고 했잖아요. 미국에서는 '내 집, 내 어머니'라고 해요. '우리'라고 하지 않거든요.

성주(남): 아, 들어 보니까 그렇군요.
한국에서는 '우리나라, 우리 학교'라고 (   ) 서양에서는 '내 나라, 내 학교', 이렇게 말하는군요.

제인(여): 전에 어떤 남자 분이 '우리 마누라'라고 해서 깜짝 놀란 적도 있어요.

성주(남): 하하, 제인 씨가 놀랄 만하네요. 한국 사람들이 이렇게 '우리'라는 말을 많이 하는 건 아마 (   )보다는 (   )을 중요하게 생각하기 때문일 거예요.
그런데 이따가 우리 집에는 갈 거죠?

제인(여): 하하, 물론이에요. 우리 어머님께서 오라고 하셨는데 가야죠.

02 다음 대화를 듣고 (　　　　)에 쓰십시오.

마이클(남): 제인 씨, 한국 사람들이 제일 자주 쓰는 말이 뭔지 알고 있어요?

제　인(여): 네, 알아요. '(　　　　　　　　)'라고 들었어요. 마이클 씨도 들어본 적이 있어요?

마이클(남): 물론이죠. 식당에서도 "'맛있게' 해 주세요."라고 하지 않고 "'빨리' 해 주세요."라고 하는 사람들을 많이 봤어요. 정말 이해가 잘 안 됐어요.

제　인(여): 마이클 씨가 이해하기 어렵다고 할 만하네요. 이 '빨리빨리' 때문에 삶의 (　　　　)가 없어지는 것은 좀 문제인 것 같아요.

마이클(남): 맞아요. 빠른 것이 (　　　　　　　　　　　　　　) 때도 있어요. 빠르고 간편한 이메일을 받다가 가끔 손으로 쓴 편지를 받으면 참 행복해지거든요.

제　인(여): 그렇죠. 그런데 이 '빨리빨리' 문화가 (　　　　　　　　)인 것만은 아니에요. 그로 인해 여러 가지 사회 문제가 (　　　　　　　　　　　　　　) 것도 많거든요.

마이클(남): 아! 그렇겠군요. 특히 요즘 같은 (　　　　　　　　　　) 시대에는 빠른 속도가 (　　　　　　　　)이니까요.

제　인(여): 바로 그거예요. 뭐든지 '빨리빨리' 한 덕분에 한국은 세계적인 IT강국이 됐잖아요.

마이클(남): 그럼 저도 이제 '빨리빨리'를 자주 써야겠어요.
제인 씨, 빨리빨리 집으로 갑시다.

MEMO

16과 다른 나라에 비해 아주 빠른 경제 성장을 이루었어요

I. 어휘 연습

기업	경영	이익	손해	서민
불경기	실업률	수출 / 수입	위기	임금
임무	성장	넘기다	실감하다	분석하다
대비하다	파괴하다			

1) 그 경제학자는 경제 위기의 원인을 자세하게 ______________.

2) 요새 ______________(이)라서 물건이 잘 팔리지 않아요.

3) 물가가 오르면 ______________이/가 가장 힘들어요.

4) 경찰의 ______________은/는 시민을 보호하는 거예요.

5) 그 회사는 5년 동안 경영을 잘해서 세계적인 ______________이/가 되었어요.

6) 내일은 태풍이 온다고 하니까 태풍에 ______________ 해요.

7) 경제가 어려워서 ______________이/가 증가하고 있어요.

8) 우리 회사의 ______________ 상태가 나빠서 사원을 더 뽑을 수 없어요.

9) 공장이 너무 많아져서 환경을 ______________ 있어요.

10) 회사에 일하고 받는 돈을 ______________(이)라고 해요.

11) 가: 지금 경제가 참 힘들지요?

나: 네, 정말 힘들어요. 이 위기를 잘 ______________ 해요.

12) 수입보다는 ______________을/를 늘려야 해요.

13) 우리나라는 10년 동안 큰 경제 ______________을/를 했어요.

14) 그는 회사가 ______________을/를 보지 않도록 노력을 했어요.

15) 지금 어려운 경제 ______________을/를 잘 극복해야 해요.

16) 유학을 온 후에 유학 생활이 어렵다는 것을 ______________.

17) 학교 전체 ______________을/를 위해서 학생들이 불편해도 참아야 했어요.

MEMO

II. 문법과 표현

1. N쟁이

1) "왜 이렇게 했다가 저렇게 했다가 하는 거야, 이 ____________야!"

2) 왕명은 무엇이든지 다 가지고 싶어 하는 ____________예요.

3) 여자들만 말이 많은 줄 알지만 남자들 중에도 ____________이/가 많아요.

4) 자기가 하고 싶은 대로만 하는 ____________와/과는 같이 일하기가 힘들어요.

5) 성주 씨는 거짓말을 자주 하는 ____________예요.

수다	변덕	욕심	고집	거짓말

2. N만 아니면

1) 가: 왜 여행을 안 갔어요?
   나: 이번 주에 보는 ____________________ 여행을 갔을 거예요.

2) 가: 학교 앞 미용실이 어때요?
   나: ________________ 괜찮아요. 다른 것은 다 좋은데 지하에 있어서 공기가 안 좋아요.

3) 가: 오늘 저녁 때 동창회에 갈 거예요?
   나: 오늘 ________________ 가고 싶은데 못 갈 것 같아요.

4) 가: 유미 씨, 오늘 바빠요? 같이 쇼핑하러 명동에 갈래요?
   나: ________________ 저도 가고 싶어요.

5) 가: 어제 그 옷을 왜 안 샀어요?
   나: ________________ 사고 싶었어요.

숙제	가격	회의	위치	한국어능력시험

3. N에 비해(서) // N에 비하면

1) 가: 선생님, 제 실력이 어때요? 이번 주는 좀 나아졌어요?
   나: 네, ______________________ 실력이 많이 늘었군요.

2) 가: 형과 동생 중에 누가 키가 작아요?
   나: 형이 ______________________ 키가 작아요.

3) 가: 올해 경제가 어때요?
   나: ______________________ 좋아요. 수출도 잘 되고 월급도 올랐거든요.

4) 가: 지방도 서울처럼 물가가 비싸요?
   나: ______________________ 지방이 물가가 조금 더 싼 것 같아요.

5) 가: 유미 씨는 ______________________ 젊어 보여요.
   나: 네, 저도 유미 씨가 젊어 보인다고 생각했어요.

서울	작년	나이	동생	지난주

4. 비록 A/V-지만 // 비록 N(이)지만

1) 나는 ______________________ 행복합니다.

2) 이 선물은 ______________________ 저의 정성이 담긴 것이니 받아 주세요.

3) 지금은 ______________________ 언젠가 만날 수 있을 거예요.

4) 내가 지금은 ______________________ 꼭 다이어트에 성공할 거예요.

5) 지금은 ______________________ 꼭 훌륭한 가수가 될 거예요.

연습생	작다	가난하다	살찌다	못 만나다

III. 듣기 연습

01 다음 대화를 듣고 (   )에 쓰십시오.

토니(남): 유미 씨, 어제 신문을 봤는데, 한국의 (   )가 계속 오르고 있다고 해요.

유미(여): 네, 정말 그래요. 이제 슈퍼마켓에 만 원을 가지고 가도 살 수 있는 물건이 별로 없어요.

토니(남): 정말 그렇게 많이 오른 거예요?

유미(여): 네, 토니 씨는 영국 사람이니까 잘 모를 거예요. 저는 한국에서 계속 살았으니까 (   ) 물가가 많이 오른 것을 (   ) 수 있어요.

토니(남): 그렇군요. 영국의 물가도 아주 비싸요. 특히 (   )가 아주 비싸요.

유미(여): 네, 지금은 전 세계적으로 경제 (   )의 시기이니까 어디든지 물가가 비쌀 거예요.

토니(남): 그래요. 유미 씨가 좋아하는 자장면 값도 올랐어요?

유미(여): 당연하지요. 옛날에는 자장면이 (   )의 음식이라고 했지만 지금은 그렇지도 않은 것 같아요.

MEMO

02 다음 대화를 듣고 (　　　　)에 쓰십시오.

마이클(남): 줄리아 씨, 오늘 아침 뉴스를 봤는데, 깜짝 놀랐어요.

줄리아(여): 왜요? 무슨 큰일이라도 있었어요?

마이클(남): 요새 경제가 어려워서 (　　　　　　)이 많이 (　　　　　　　)고 해요.

줄리아(여): 맞아요. 마이클 씨, 그 뉴스 나도 들었어요. 경제가 안 좋아지면 (　　　　　) 이 증가하고, 또 물가도 상승하니까 범죄율이 증가할 수밖에 없지요.

마이클(남): 범죄율 증가의 가장 큰 원인은 (　　　　　　　)인 것 같아요.

줄리아(여): 청년 실업이요?

마이클(남): 네, 청년 실업이란 열심히 일해야 할 젊은 사람들이 일이 없어서 노는 걸 말해요. 젊은 사람들이 일을 안 하게 되면 사회에 (　　　　　)을 가지기 쉬워요. 이런 불만이 쌓여서 나쁜 행동을 하게 되면 범죄가 되는 것이지요.

줄리아(여): 그렇겠군요. 그럼 (　　　　　)는 청년 실업을 없애기 위해서 적극적으로 노력해야겠네요.

마이클(남): 당연하지요. 지금 정부도 최선을 다하고 있어요.

줄리아(여): 정말 남의 일 같지 않네요. 저도 내년에 졸업하는데 취업할 수 있을지 모르겠어요.

마이클(남): 힘내세요. (　　　　　　) 지금은 (　　　　　　　　) 위기가 끝나면 곧 기회가 찾아올 거예요.

17과 물은 아무리 써도 계속 나온다고 생각했어요

I. 어휘 연습

가뭄	홍수	산성비	생활 하수	폐수	온천수
수증기	합성 세제	레포츠	주장	틀다	개발되다
위협하다	절약하다	떠오르다	알아맞히다		

1) ____________로 목욕을 하면 피부가 좋아져요.

2) 강도는 돈을 달라고 칼로 여자를 ____________.

3) 고민해 보았지만 좋은 생각이 ____________ 않았어요.

4) 공장에서 나온 ________이/가 강물로 흘러가서 수많은 물고기가 죽어 버렸어요.

5) 내가 문제를 낼 테니까 ____________ 보세요.

6) 물을 끓이면 ________이/가 돼요.

7) 빨래할 때 사용하는 ________을/를 적게 써서 환경을 보호해야 해요.

8) 일상생활에서 쓰고 나서 버리는 ________이/가 수질 오염의 주요 원인이에요.

9) 새로운 기술로 ____________ 제품들이 소비자들에게 인기가 좋아요.

10) 샤워하면서 머리를 감을 때 물을 ________ 놓으면 물이 많이 낭비돼요.

11) 요즘 여유 있는 시간에 즐기는 운동인 ________은/는 현대인들의 대중문화가 되었어요.

12) 양쪽의 __________이/가 너무나 달라서 회의가 굉장히 길어졌어요.

13) 올여름에는 비가 너무 많이 와서 곳곳에 __________ 피해가 있었어요.

14) 요즘 비는 __________(이)라서 맞으면 바로 샤워를 하거나 머리를 감는 게 좋아요.

15) 용돈으로 컴퓨터를 샀으니까 이번 달에는 생활비를 __________ 돼요.

16) 작년에는 비가 내리지 않는 __________이어서/여서 농사가 잘 안 되었어요.

MEMO

II. 문법과 표현

1. N 같으면

1) 왕명: 일요일 저녁에 술 한잔 해요.

진나: ________ 술 한잔 하겠지만 월요일 수업 때문에 일요일은 술 마시기 힘들어요.

2) 성주: 유미 씨 같으면 저렇게 짧은 치마를 입을 수 있겠어요?

유미: ________ 입을 수 있지만 이렇게 추운 겨울에는 자신 없어요.

3) 유미: 우리 다음에 영화도 보고 노래방에도 가요.

진나: 좋아요. 그런데 ________ 괜찮지만 이번 주처럼 ________ 힘들어요.

4) 성주: 제 발음이 어때요?

진나: ________ 이해하시겠지만 보통 한국 사람은 알아듣기가 힘들겠어요.

5) 제인: 왜 그 길로 다니면 안 돼요?

토니: ________ 괜찮지만 밤에는 너무 어둡고 위험해요.

낮	여름	금요일
평소 — 시험 기간	한국어 선생님	

2. V-는 바람에

1) 가: 휴대 전화를 왜 안 받았어요?

나: 집에 놓고 ________________ 못 받았어요.

2) 가: 왜 여자 친구와 싸웠어요?

나: 이유 없이 짜증을 ________________ 조금 싸웠어요.

3) 가: 왜 감기에 걸렸어요?

나: 시험 때문에 며칠 동안 밤을 ________________ 감기에 걸려 버렸어요.

4) 가: 왜 선생님 말씀을 못 들었어요?

나: 옆에 앉은 친구들이 ________________ 못 들었어요.

5) 가: 왜 오늘도 지각을 했어요?

나: 늦게 ________________ 지각을 했어요.

내다	새우다	나오다	떠들다	일어나다

3. A/V-기로는

1) 가: 우리 반에서 누가 가장 머리가 좋아요?

나: ________________ 성주 씨가 최고예요.

2) 가: 한국에서 먹어 본 음식 중에서 뭐가 제일 맛있어요?

나: ________________ 삼계탕이 제일인 것 같아요.

3) 가: 우리 반에서 가장 노래를 잘하는 사람은 누구예요?

나: 노래를 ________________ 유미 씨가 최고예요.

4) 가: 교육원에서 자주 지각하고 결석하는 학생이 누구예요?

나: 자주 지각하고 ________________ 왕명이 유명해요.

5) 가: 교육원에서 어느 선생님이 가장 친절한가요?

나: ________________ 이 선생님이 제일이에요.

잘하다	맛있다	친절하다	똑똑하다	결석하다

4. 아무리 A/V-아/어도 // 아무리 N(이)라도

1) 가: 뚱뚱한 내가 가장 싫어하는 사람이 누구인지 알아?

나: 알겠어. ______________________ 살찌지 않는다고 하는 사람이지?

2) 가: 신혼인데 왜 남편한테 화가 났어?

나: 내가 정성을 다해 요리를 했으니까 ______________________ 맛있다고 해 주면 좋을 텐데 그렇게 말하지 않아서 화가 났어.

3) 가: 부모에게 자식이 항상 귀엽지는 않을 것 같아.

나: 그럼. ______________________ 계속 부모에게 돈 달라고 하면 싫을 것 같아.

4) 가: 남자는 멋있으면 된 거 아니니?

나: 난 아니야. ______________________ 성격이 안 좋으면 같이 못 살 것 같아.

5) 가: 그 친구 오늘 정말 이상해.

나: 맞아. 내가 ______________________ 계속 인상을 쓰고 있는 걸 보면 뭔가 안 좋은 일이 있는 것 같아.

자식	먹다	웃기다	멋있다	맛없다

III. 듣기 연습

01 다음 대화를 듣고 (   )에 쓰십시오.

나는 누구일까요? 알아맞혀 보세요.

나는 (   )이나 (   )에 있다가 맑은 날씨에는 가벼워져서 (   )가 되어 (   )로 올라가요. 하늘에 가면 구름이 되어서 여행을 해요. 그러다가 무거워지면 비나 눈이 되어서 다시 땅으로 내려와요. 땅에서도 여행을 하는데 (   ), (   )은 물론이고 사람의 몸속으로 들어가기도 해요. 그리고 (   )이나 (   )에 초대받기도 해요. 거기서 강이나 바다로 가요. 그리고 다시 하늘로 올라가요. 이렇게 나는 없어지지 않고 하늘과 땅을 올라갔다 내려갔다 해요. 사람들은 내가 너무 많아도 싫어하고 너무 적어도 싫어하지요. 내가 너무 많으면 (   )가 나고 너무 적으면 (   )이 돼요. 나는 누구일까요?

MEMO

02 다음 대화를 듣고 (   )에 쓰십시오.

선생님: 여러분, 모두 물에 대한 조사를 했지요? 지금부터 발표를 시작하겠어요. 누가 먼저 발표를 할까요?

학생 1: 네, 선생님, 제가 먼저 하겠습니다. 저는 물이 사람들에게 주는 (   )에 대해 발표하겠습니다. 우선 (   )에 수영이나 수상스키와 같은 (   )를 즐길 수 있도록 해 줍니다. 그리고 물로 만든 아이스크림은 사람들의 (   )을 즐겁게 만들어 주고 시원한 분수는 사람들의 (   )을 즐겁게 해 줍니다. 그리고 (   )에는 눈싸움을 하거나 스키를 탈 수 있게 해 주어서 사람들에게 즐거움을 줍니다. 이 외에도 약수나 (   )는 사람들을 건강하게 만들어 줍니다.

선생님: 네, 아주 잘 했어요. 다음 발표를 들어 보겠습니다.

학생 2: 저는 물이 우리를 어떻게 (   )하는지에 대해 발표하겠습니다. 사람들이 환경을 (   ) 물은 산성비가 되어 내립니다. 그래서 우리들의 생활 주변에 조금씩 피해를 주고 있습니다. 공장에서 나온 더러운 물들은 우리의 식수를 더럽혀서 우리의 건강을 위협합니다. 이 모든 것은 사람들이 물의 (   )을 잊어버렸기 때문에 생기는 문제들입니다.

선생님: 발표를 잘 들었지요? 두 사람의 발표에서 알 수 있듯이 물은 두 얼굴을 가지고 있습니다. 우리가 잘 사용하면 (   )을 주지만 그렇지 않으면 우리를 (   )합니다. 인간은 물이 없이 살 수 없습니다. 앞으로 물의 소중함을 생각하면서 물이 화내지 않게 잘 사용합시다.

18과 손가락으로 꼽을 정도로 적어요

I. 어휘 연습

무선	온라인 / 오프라인	댓글	악플
네티즌 / 누리꾼	발송자	익명	스팸 메일
공개	검색창	검색하다	관리하다
권하다	꼽다	달다	악용하다
유출되다	처벌하다		

1) 요즘은 ______________을/를 알 수 없는 메일들이 많이 와서 짜증나요.

2) 컴퓨터에 선이 너무 많아서 복잡하고 불편했는데 요즘에는 선이 없는 ________ 제품이 많아서 편리해요.

3) 홈페이지에 제 의견을 썼으니까 _____________을/를 많이 달아 주세요.

4) 요즘에는 컴퓨터를 사용하는 _____________의 예절이 중요해지고 있어요.

5) 그 사람은 매주 간단한 글과 함께 음악과 사진으로 블로그를 잘 _____________.

6) 며칠 전 유명한 남녀 영화배우가 둘이 연인이라는 것을 _____________했어요.

7) 자기의 실제 이름을 사용하지 않는 것을 _____________(이)라고 해요.

8) 속상해하는 내 글에 많은 친구들이 힘내라고 응원의 글을 __________ 주었어요.

9) 내가 쓴 글에 대한 답글 중에는 기분을 상하게 하는 _____________도 꽤 있어서 마음이 아파요.

10) 너는 한국 최고의 배우로 누구를 ______________?

11) 선생님께서 나에게 도움이 되는 책을 ______________ 주셨어요.

12) 찾고 싶은 정보가 있으면 ______________에 단어나 문장을 쓰면 돼요.

13) 휴대 전화번호나 주민 번호 등이 ______________ 기분이 안 좋을 때가 많아요.

14) 도서관에 가기 전에 찾는 책이 도서관에 있는지 먼저 ______________ 보세요.

15) 최근에는 이메일을 확인하면 나에게 꼭 필요한 메일보다 상품 광고나 대출을 받으라는 ______________이/가 더 많아요.

16) 인터넷 동호회는 컴퓨터로 접속해서 만나는 ______________ 활동도 있지만 직접 만나서 ______________ 활동을 하기도 해요.

17) 최근 한국에는 음악이나 영화 등 불법 다운로드를 하면 ______________받는 경우가 많아요.

18) 개인 정보를 ______________서 사용하는 사람들 때문에 많은 사람들이 피해를 보고 있다.

II. 문법과 표현

1. 불/부N하다

1) 그 사람은 아직 취직을 못 해서 ______________한 생활을 하고 있어요.

2) 그 물건은 나에게는 ______________하니까 가지고 싶으면 가지세요.

3) 면접시험 때는 너무나 긴장해서 말이나 행동이 너무나 ____________스러웠어요.

4) 요즘 ______________(이)라서 취직하기가 정말 힘들어요.

5) 유학생 중에는 가끔 ______________ 학생들도 있어서 고향으로 돌아가는 경우가 있어요.

부자연	부적응	불필요	불경기	불안정

2. N와/과 달리 / 다르게

1) 가: 그 학생은 말하기나 쓰기나 모두 성적이 좋지요?
   나: 아니요, ________________________ 쓰기는 성적이 아주 낮은 편이에요.

2) 가: 중국은 과일 값이 비싸요?
   나: 아니요, ________________________ 중국에는 과일 값이 너무 싸서 자주 사 먹을 수 있어요.

3) 가: 저는 이것 안 먹을래요. 너무 맛없어 보여요.
   나: 한번 드셔 보세요. ________________________ 아주 맛있을 거예요.

4) 가: 보통 한국 남자들은 집안일을 안 한다고 들었는데 성주 씨 남편도 그래요?
   나: 아니요, 우리 남편은 ________________________ 집안일을 저보다 더 잘해요.

5) 가: 한국어 어휘 공부할 때 어떤 어려운 점이 있어요?
   나: ________________________ 실제 생활에서는 전혀 다른 뜻으로 사용될 때도 있어서 이해하기가 어려워요.

한국	보기	사전	말하기	보통 한국 남자

3. V-(으)ㄹ 정도로

1) 가: 그 학생이 한국어 실력이 좋아졌어요?

나: 네, 아주 전문적인 내용도 ____________________ 한국어 실력이 대단해요.

2) 가: 같은 방 친구가 많이 시끄러워요?

나: 네, 공부에 ____________________ 자주 음악을 들으면서 노래를 해요.

3) 가: 오랜만에 친구를 만나니까 어땠어요?

나: 밤새워 ____________________ 너무 반갑고 기뻤어요.

4) 가: 성주 씨가 교통사고로 많이 다쳤어요?

나: 네, 3개월 동안 ____________________ 많이 다쳤다고 해요.

5) 가: 인터넷 악플의 부작용이 어느 정도예요?

나: 유명 연예인들도 ____________________ 부작용이 아주 많아요.

입원하다	자살하다	통역하다	이야기하다	방해가 되다

4. V-(으)ㄹ까 말까 하다

1) 가: 부모가 반대하는데도 결혼을 할 거예요?

나: 글쎄요, 우리도 서로 너무 많이 힘들어서 ____________________.

2) 가: 오늘 먼 장소에서 모임을 한다고 하는데 가실 거예요?

나: 그래서 모임에 ____________________.

3) 가: 저녁 식사 시간인데 밥을 안 먹을 거예요?

나: 글쎄요, 낮에 먹은 게 아직 소화가 잘 안 돼서 지금 ____________________.

4) 가: 바깥 날씨가 이렇게 추운데 운동하러 나갈 거예요?

나: 너무 추워서 ____________________.

5) 가: 길이 많이 막히는데 택시로 갈 거예요?

나: 그래서 택시를 ____________________.

먹다	타다	참석하다	운동하다	헤어지다

III. 듣기 연습

01 다음 대화를 듣고 (   )에 쓰십시오.

이번 학기에 나는 기숙사에 (   ) 고민하다가 자취방을 구하게 되었다. 요즘 원룸은 대부분 인터넷이 설치되어 있는데 내가 구한 집은 다른 (   ) 인터넷이 설치되어 있지 않았다. 할 수 없이 개인적으로 (   ) 한국에서 유명한 통신 회사 세 곳에 전화를 하였다. 그런데 인터넷 요금이 가입 상품의 (   )와 사용 (   )에 따라 다양하고 복잡해서 가입하기가 어려웠다. 인터넷 가입이 어려워서 한국 친구에게 어떻게 가입해야 하는지 물어보았다. 그런데 한국 친구는 오랫동안 살 집이 아니면 (   )을 설치하지 않는 것이 더 낫다고 하였다. 왜냐하면 요즘에는 학교 어디에서나 인터넷 접속이 가능하고 도서관에서도 노트북으로 (   ) 인터넷을 할 수 있기 때문이라고 하였다. 혹시 급하게 인터넷을 사용할 일이 있으면 PC방을 이용하면 된다고 했다. 친구의 말도 맞는 것 같다. 인터넷 이용 요금도 아낄 수 있고, 집에서라도 인터넷을 안 할 수 있으니까 일석이조다.

MEMO

02 다음 대화를 듣고 (　　　　)에 쓰십시오.

유　미: 아이, 짜증나.

성　주: 왜 그래, 아침부터?

유　미: 받아야 할 메일이 있어서 열어 보니 다 (　　　　　　　)이잖아. 내가 왜 이런 일로 아침부터 기분 나빠야 하는 거지?

성　주: 나도 며칠 전에 잘 모르는 메일 주소가 있어서 '(　　　　　　　)'를 했어. 그런데 그다음부터 친한 친구들은 물론이고 내 아이디까지도 스팸 메일 (　　　　　)로 되어 있었어.

유　미: 어떻게 그럴 수가 있지?

성　주: 내 주소나 친한 사람의 주소를 (　　　　　)으로 알아서 그 주소로 스팸 메일을 보낸 거였어.

유　미: 아, 맞아. 나도 그런 경험이 있었어. 아주 친한 사람의 이름이라서 기쁜 마음으로 열어 봤는데 (　　　　　　　　　) 대출 광고 메일이었어.

성　주: 내 친구도 내 이름으로 된 스팸 메일을 받은 적이 있다고 해.

유　미: 돈을 버는 것도 좋지만 다른 사람들의 개인 정보를 나쁘게 사용하는 것은 강하게 (　　　　　　　) 된다고 생각해.

성　주: 맞아. 올바른 인터넷 문화를 만들려면 관련 (　　　　)도 만들어져야 하고 또 개인 정보를 보호할 수 있는 (　　　　)도 만들어져야 해.

19과 한국어를 배우기 어려울까 봐 만드신 거예요

I. 어휘 연습

발명가	발명품	나침반	호기심	천재	업적
원리	계기	생애	지혜	고정관념	널리
독창적	발견하다	실험하다	설계하다	위대하다	

1) 왕명 씨는 그 일을 ______________(으)로 열심히 공부하기 시작했어요.

2) 에디슨은 전기를 ______________.

3) 전구는 세계에서 가장 편리한 ______________ 중의 하나예요.

4) 그 아이는 ______________이/가 많아서 미래에 과학자가 될 것 같아요.

5) 그 건축가는 세계에서 가장 아름다운 건물을 ______________.

6) 세종대왕은 한국 역사에서 가장 ______________ 왕이었어요.

7) 과학자는 자연의 ______________을/를 연구하는 사람들이에요.

8) 위대한 사람의 ______________을/를 쓴 글을 전기라고 해요.

9) 많은 사람들이 그를 ______________(이)라고 부르지만, 사실 그는 노력을 정말 많이 하는 학자예요

10) 에디슨은 훌륭한 ______________이에요/예요.

11) 위대한 발명품을 만들기 위해서는 ______________을/를 버려야 해요.

12) 왕명 씨는 아무도 생각하지 못하는 아주 ______________인 아이디어를 많이 가지고 있어요.

13) 전통 문화에는 조상들의 ________________이/가 들어 있어요.

14) 항해를 할 때에는 방향을 알기 위해서 ________________이/가 꼭 필요해요.

15) 세종대왕은 한글을 만드는 등 많은 ________________을/를 남겼어요.

16) 우리 동네에 사시는 할머니께서 발명을 했다는 사실이 ______________ 알려졌어요.

17) 여러 권의 책을 읽는 것보다 한 번 ________________ 것이 이해하는 데 도움이 돼요.

MEMO

II. 문법과 표현

1. V-는 대로

1) 가: 언제 이사할 거예요?
   나: 집이 ______________ 이사할 거예요.

2) 가: 놀이공원에 놀러 가고 싶어.
   나: 중간시험이 ______________ 가자.

3) 가: 결혼은 언제 할 거예요?
   나: 고향에 ______________ 결혼할 거예요.

4) 가: 배고파요. 언제 밥을 먹을 수 있어요?
   나: 잠깐만 기다려. 언니가 ______________ 같이 먹자.

5) 가: 시험에 합격하면 꼭 알려 주세요.
   나: 네, 합격자 발표가 ______________ 말씀드리겠습니다.

가다	오다	나오다	팔리다	끝나다

2. A/V-(으)ㄹ까 봐

1) 가: 출근할 때 왜 차를 안 가지고 가세요?
   나: 오늘 ______________ 운전을 하지 못하겠어요.

2) 가: 어제 밤에 왜 전화 안 받았어요?
   나: ______________ 일찍 잤어요.

3) 가: 유미 씨, 빨리 와서 같이 치킨 먹어요.
   나: ______________ 야식을 안 먹기로 했어요.

4) 가: 엄마, 무슨 걱정이 있어요?
   나: 군대에 간 성주가 ______________ 걱정이야.

5) 가: 성주 씨 무슨 일 있어요?
   나: 선물을 샀는데 유미 씨가 ______________ 걱정이에요.

아프다	싫어하다	지각하다	눈이 오다	살이 찌다

3. A/V-아/어서 걱정이다

1) 가: 이번 여름에는 ______________________.

나: 저도 걱정이 돼요. 올해는 흉년이겠어요.

2) 가: 내 친구가 자꾸 ______________________.

나: 그래요? 같이 재미있는 영화라도 보는 게 어때요?

3) 가: 고향에 ______________________.

나: 큰 피해가 없었으면 좋겠군요.

4) 가: 강아지가 ______________________.

나: 빨리 동물 병원에 가 보세요.

5) 가: 성적이 잘 ______________________.

나: 열심히 해서 다음에는 잘 보세요.

우울해하다	병이 들다	비가 안 오다	홍수가 나다	안 나오다

4. 하도 A/V-아/어서

1) 학생들이 ______________________ 선생님이 조용히 하라고 했어요.

2) 아이가 ______________________ 고민이에요.

3) 방이 ______________________ 에어컨을 틀었어요.

4) 날씨가 ______________________ 공부하다가 산책하러 나갔습니다.

5) 집에서 직장까지 ______________________ 이사 갈까 고민 중이에요.

멀다	덥다	떠들다	화창하다	말을 안 듣다

III. 듣기 연습

01 다음 대화를 듣고 (   )에 쓰십시오.

진나(여): 성주 씨, 아메리카를 처음으로 (   )한 사람이 누구인지 알아요?

성주(남): 네? 발명이요?

진나(여): 네, 그러니까 지금 미국이 있는 그 아메리카 대륙을 발명한 사람이요.

성주(남): 하하하, 진나 씨. 진나 씨가 잘못 알고 있는 거예요.
처음으로 '(   )'한 사람이겠지요.

진나(여): 제가 (   ) 걱정을 했는데 역시 틀렸네요.
두 단어가 (   ) 계속 틀리게 돼요. 발견이 맞나요?

성주(남): 네, 발견이요. (   )은 이전부터 있었던 것이나 (   )를 찾아내는 거예요. (   )은 생활에 편리하거나 유용한 물건을 새롭게 (   ) 것이지요.

진나(여): 아, 그렇군요. 그러니까 지구가 돈다는 사실을 알아낸 것은 '(   )'이고, 전구를 만드는 것은 '(   )'이군요.

성주(남): 네, 바로 그거예요. 역시 진나 씨는 머리가 좋아요.

진나(여): 그런데 발명이 더 중요해요, 발견이 더 중요해요?

성주(남): 아, 발명과 발견은 둘 다 중요해요. 만약 우리가 전기의 원리를 발견하지 못했다면 전구라는 (   )도 없을 거예요. 이 둘은 서로 도움을 주고받는 사이지요.

진나(여): 성주 씨가 설명을 잘해 주셔서 머리에 정말 잘 들어오네요.

02 다음 대화를 듣고 (　　　　)에 쓰십시오.

유미(여): 왕명 씨, 오늘 수업 시간에 중국의 4대 (　　　　　　)에 대해서 배웠어요.

왕명(남): 정말이요?

유미(여): 네, 중국의 4대 발명품은 세계적으로 아주 중요하다고 해요.

왕명(남): 맞아요. 종이, 화약, 인쇄술, 그리고…… 그리고 나머지 하나는 한국어로 뭐라고 하는지 잊어버렸어요.

유미(여): 아, 그것은 한국어로 (　　　　　　)이라고 해요. 나침반은 (　　　　)을 알기 위해서는 꼭 있어야 하는 물건이에요.

왕명(남): 맞아요. 나침반…… 어휴, 자꾸 (　　　　　　　　　　　　　　　　). 그런데 조금 전에 중국의 발명품이 세계적으로 중요하다고 하셨지요? 그것은 왜 그런가요?

유미(여): 아, 저도 잘 몰랐는데요, 중국의 발명품이 (　　　　　　　　) 유럽으로 전해졌다고 해요. 그것이 유럽의 (　　　　)를 더욱 발전시키고, 결국 전 세계의 문화 발전에 도움을 줬다고 해요.

왕명(남): 그렇군요. 한국에도 다른 나라에 자랑할 만한 발명품이 많지요?

유미(여): 그럼요. 그중에서도 (　　　　)은 대표적인 한국의 문화유산이며 또 위대한 발명품이지요.

왕명(남): 맞아요. 물건만 발명품이 될 수 있는 것은 아니지요. 유미 씨 말처럼 한글도 발명품이라고 할 수 있어요.

20과 꼭 말로 해야 아는구나

I. 어휘 연습

산모	회복	정성	의학	의료 시설	출력
돌	돌잡이	실	환갑 / 회갑	칠순	청춘
출산하다	흥미롭다	낳다	출생하다	점치다	

가. 서로 관계되는 단어를 찾아 연결하세요.

1) 병원, 의사, 학문 •	• 청춘
2) 한 살, 청진기, 돈, 마우스, 축구공 •	• 점치다
3) 봄, 젊음 •	• 의학
4) 회갑, 61세, 중요한 생일 •	• 환갑
5) 행운, 불운, 미래 •	• 산모
6) 아기를 낳은 엄마, 산부인과 •	• 돌잡이

나. 다음 (　　　)에 알맞은 단어를 찾아 넣으세요.

1) 가: 성주 씨가 입원했다고 하던데 걱정이군요.

나: 너무 걱정하지 마세요. 지난주에 입원했다가 많이 ________되어서 어제 퇴원했어요.

2) 가: 보고서 다 썼어요?

나: 네, 이제 ____________만 하면 돼요.

MEMO

II. 문법과 표현

1. N 말고

1) 가: 배고픈데 빵이라도 먹을까요?
   나: 날씨가 추우니까 ____________ 라면을 먹어요.

2) 가: 어떤 음악을 들을까요? 댄스 음악을 들을까요?
   나: 비가 오니까 ____________ 재즈를 듣는 게 어때요?

3) 가: 우리 액션 영화 볼까요?
   나: ____________ 코미디 영화를 봐요.

4) 가: 이번 주에 등산을 갈까요?
   나: ____________ 해수욕장에 가서 수영하면 좋겠어요.

5) 가: 탁구를 칠까요?
   나: ____________ 테니스를 쳐요.

빵	탁구	등산	댄스 음악	액션 영화

2. A/V-아/어야 // N이어야/여야

1) 가: 대학교에 입학하기 전에 무엇을 준비해야 할까요?
   나: 무엇보다 한국어를 ____________ 수업을 들을 수 있으니까 한국어 공부를 열심히 하세요.

2) 가: 내일 콘서트에 몇 시까지 ____________ 해요?
   나: 7시에 시작하니까 6시 40분까지 ____________ 좋은 자리에 앉을 수 있어요.

3) 가: 성주야, 내일 몇 시에 깨워 줄까?
   나: 6시에 깨워 주세요. 7시까지니까 6시에 ____________ 늦지 않을 수 있어요.

4) 가: 대학교에 가려면 한국어능력시험 몇 급이 있어야 해요?
   나: 한국어능력시험 4급이 ____________ 입학할 수 있어요.

5) 가: 수미 씨는 어떤 사람이랑 결혼하고 싶어요?
   나: 무엇보다 마음이 ____________ 해요.

가다	있다	잘하다	따뜻하다	일어나다

3. A/V-아/어 가지고

1) 가: 왜 그렇게 화장실에 자주 가요?

나: 어제 ____________________ 배탈이 났어요.

2) 가: 곰 인형을 또 샀어요?

나: 너무 ____________________ 안 살 수가 없었어요.

3) 가: 민수 씨, 안 보는 사이에 살 많이 쪘네요.

나: 네, 운동을 ____________________ 살이 많이 쪘어요.

4) 가: 어딜 그렇게 급하게 가요?

나: 친구가 ____________________ 병원 가는 길이에요.

5) 가: 어? 마트에 간다고 했잖아요. 벌써 갔다 왔어요?

나: 네, 갔는데 세일하는 물건이 다 ____________________ 그냥 왔어요.

아프다	예쁘다	팔리다	과식하다	안 하다

4. A/V-기 마련이다 // V-게 마련이다

1) 열심히 공부하지 않으면 ______________________________.

2) 돈이 많으면 ______________________________.

3) 많이 먹으면 ______________________________.

4) 사랑을 하면 ______________________________.

5) 밤을 새워서 일을 하면 ______________________________.

쓰러지다	유급하다	낭비하다	예뻐지다	살이 찌다

III. 듣기 연습

01 다음 대화를 듣고 (   )에 쓰십시오.

마이클(남): 와, 배부르다! 그런데, 유미야! 돌잔치는 이렇게 음식만 먹고 끝나는 거야?

유 미(여): 아니! 이제 곧 (   )를 할 거야.

마이클(남): 돌잡이? 그게 뭐야?

유 미(여): 마이클! 돌이 무엇인지는 알지? 아기의 첫 번째 생일을 (   )이라고 하잖아.

마이클(남): 그건 나도 알아.

유 미(여): 돌잡이는 여러 가지 물건을 아기 앞에 놓아. 예를 들면 (   ), 연필, 돈, 청진기, 비행기 같은 걸 말이야. 이 중에서 아기가 잡는 (   ) 아기의 미래를 (   ) 보는 거야.

마이클(남): 그런 게 있어? 정말 재미있겠다.

유 미(여): 어? 아기가 연필을 잡았네. 나중에 훌륭한 선생님이나 (   )가 되겠다.

마이클(남): 그런 거야? 그럼 저기 돈을 잡았으면 (   )가 되겠네. 하하!

유 미(여): 맞아. 나도 돌잡이 때 실 말고 돈을 잡았으면 지금 부자가 됐을 텐데.

마이클(남): 실을 잡으면 뭐가 되는 거야? 실로 옷을 만드니까 디자이너가 되는 건가?

유 미(여): 하하, 아니야. 옛날에는 그런 직업이 없었잖아. (   )처럼 길게 오래오래 사는 거야.

마이클(남): 와하하, 정말 재미있네. 오래 사는 것이 부자가 되는 것보다 행복한 일이지.

02 다음 대화를 듣고 (   )에 쓰십시오.

생일은 누구에게나 중요한 의미가 있다. 그런데 한국에는 그 생일들 중 다른 생일에 비해 특별한 의미를 가진 생일이 있다.

그중 첫 번째는 '(   )'이다. '돌'은 태어나서 맞는 첫 번째 생일인데, 돌잡이로 아기의 미래를 점치는 것이 매우 (   ). 사실, 돌만큼 중요한 날이 태어난 지 100일째 되는 날이다. 하지만 현대에 와서는 예전처럼 '100일' 잔치가 중요하게 생각되지 않고 있다. 왜냐하면 (   )의 발달과 함께 (   )이 많아지고 식생활도 나아졌기 때문이다.

그다음은 '(   )' 또는 '회갑'이다. 환갑은 한국 나이로 61세, 즉 만 60세 생일을 말하는데, 이날은 한국에서뿐만 아니라 중국에서도 전통적으로 매우 중요한 날이다. 평균 (   )이 50세 정도였던 시대에 환갑은 (   )라고 생각되었다. 하지만 요즘은 '인생은 60부터!', '60 (   )'이라는 말이 생길 정도로 평균 수명이 길어져서 칠순 즉, 70세의 생일이 환갑의 의미를 대신하게 되었다.

그런데 특별한 생일이나 보통 생일이나 생일이면 꼭 먹는 음식이 있는데, 그것이 바로 떡과 (   )이다. 미역국은 아기를 낳은 산모의 (   )을 빠르게 하는 데 큰 효과가 있으며 생일뿐만 아니라 평소에도 한국 사람들이 즐겨 먹는 국이다.

MEMO

11~15과 복습

1. 다음 어휘를 사용하여 문장을 완성하십시오.

양보	독신	오히려	거부감	알려지다
맞선	들다	떨리다	속도	지나치다
별명	집단	이루다	시어머니	어색하다
수명	부정적	다듬다	초청하다	시집오다
화제	경쟁력	마감일	반하다	출연하다

1) 오늘이 시험 접수 ______________이니까 늦지 않게 꼭 내야 해요.

2) 우리 동아리에서 요즘 친구들이 좋아하는 가수를 ______________.

3) 그 드라마에 내가 좋아하는 배우가 ______________.

4) 정 선생님은 한국어교육원에서 가장 재미있는 선생님으로 ______________.

5) 요즘 사회에서 ______________이/가 되고 있는 이 책은 꼭 읽어봐야 해요.

6) 글이 너무 길고 복잡해서 조금 ______________.

7) 예쁜 여자하고 소개팅을 하기로 해서 지금 너무 ______________.

8) 자기가 잘못했는데 ______________ 큰소리를 쳤어요.

9) 두 사람은 오늘 처음 만나서 분위기가 ______________.

10) 남자는 매력적인 여자를 보고 첫눈에 ______________.

11) 오늘은 ______________을/를 보는 날이에요. 마음에 들면 그 사람과 결혼할 거예요.

12) 한국 남자의 평균 ______________은/는 80살 정도이에요.

13) 버스나 지하철에서 어른이나 몸이 불편한 사람에게는 자리를 ____________해야 해요.

14) 내 친구는 키가 크기 때문에 '키다리'라는 ______________을/를 붙여 주었어요.

15) 요즘 외국에서 한국에 ______________ 여자들이 많아지고 있어요.

16) 남편의 어머니를 ______________(이)라고 해요.

17) 왕명은 꿈을 ______________기 위해 노력하고 있어요.

18) 요즘에는 국제결혼에 대한 ______________이/가 줄어들었어요.

19) '빨리빨리' 문화는 요즘 같은 시대에는 ______________이/가 있어요.

20) 요즘은 결혼하지 않고 혼자 사는 ______________ 생활을 즐기는 여자가 많은 것 같아요.

21) 신제품에 대한 반응이 예상보다는 ______________이어서/여서 걱정이에요.

22) ______________ 것보다는 모자라는 것이 낫다.

23) 그 사람의 행동에 거부감이 ______________.

24) 운전할 때 ______________을/를 너무 많이 내면 벌금을 내야 해요.

25) 한국 사람들이 '우리'라는 말을 자주 쓰는 것은 개인보다는 ______________을/를 중요하게 생각하기 때문일 거예요.

2. 다음 문형을 사용하여 문장을 완성하십시오.

V-(으)려다가	뭐니 뭐니 해도	V-나 보다	V-는 길에 // V-는 길이다
N치고(는)	A/V-(으)며 // N이며	얼마나 A/V-(으)ㄴ/는지 몰라요	아무 N도
N(이)나 N(이)나	V-(으)려면	V-아/어 놓다/두다	A/V-(으)ㄴ/는 것은 당연하다
N시키다	-이/히/리/기/우/구/추-	A/V-(으)ㄹ 뿐만 아니라 N일 뿐만 아니라	V-게 하다
N하다 N되다	V-도록	A/V-(으)ㄴ/는 반면에 N인 반면에	N만 하다 N만 못하다

1) 가: 어제 등산 갔어요?
   나: 아니요, 산에 __________ 비가 와서 그냥 집에 있었어요. (가다)

2) 가: 한국 관광지 중에서 어디가 제일 좋아요?
   나: ______________ 제주도가 최고지요.

3) 가: 마이클이 중앙대학교에 합격했다고 해요.
   나: 그동안 공부를 열심히 ______________. (하다)

4) 가: 오늘 일찍 집에 올 거예요?
   나: 아니요, ____________________ 친구 집에 잠깐 가서 선물만 주고 갈게요. (퇴근하다)

5) 가: 시간이 늦었는데 어디 가세요?
   나: 네, 집에 먹을 것이 없어서 슈퍼에 ______________. (가다)

6) 가: 오늘 날씨가 어때요?
   나: 여름 날씨__________ 별로 안 덥네요.

7) 영화가 너무 슬퍼서 ______________ 영화를 봤다. (눈물을 흘리다)

8) 그 연예인은 ____________________ 배우이다. (가수)

9) 가: 진나 씨, 이 책 한번 보세요. ______________________________. (재미있다)

나: 저도 이 책이 재미있다는 소문을 들었어요.

10) 가: 왜 그러세요? 어디 아파요?

나: 아니에요. 배가 너무 고파서요. 오늘 ____________ 안 먹었거든요. (것)

11) 가: 이번 휴가는 산이 좋을까요, 바다가 좋을까요?

나: ____________ 다 좋아요. (산-바다)

12) 가: 무슨 일 있어요? 왜 이렇게 서두르세요?

나: 약속 시간에 ____________ 지금 당장 출발해야 해요. (도착하다)

13) 가: 방이 왜 이렇게 춥지요?

나: 외출하기 전에 보일러를 ____________. (끄다)

14) 가: 오늘은 너무 피곤해서 더 이상 일을 못 하겠어.

나: 요즘 매일 야근을 했으니 ______________________________. (피곤하다)

15) 가: 이번 주에 일이 생겨서 여행을 못 갈 것 같아요.

나: 그래요? 그러면 우선 예약한 것부터 ____________________. (취소)

16) 가: 이 사진 정말 잘 나왔지요?

나: 저도 사진을 좀 ____________ 주세요. (보다)

17) 가: 엄마, 이거 더 먹기 싫어요.

나: 유미야! 음식을 ____________ 안 된다고 했잖아. (남다)

18) 가: 감자가 다 익었어요?

나: 아니요, 아직 덜 익었어요. 조금 더 ____________ 해요. (익다)

19) 가: 요즘 운동 안 하세요?

나: 시간이 ______________________________ 피곤해서 못 해요. (없다)

20) 가: 어머니께서 많이 힘드신 것 같아요.

나: 우리가 집안일을 다 하고 어머니는 ____________ 드리자. (쉬다)

21) 가: 시험 준비를 못해서 너무 걱정이에요.

나: 저도요. 시험이 연기____________ 좋겠어요.

22) 가: 아빠, 지금 텔레비전 보면 안 돼요?

나: 지금은 안 돼. 엄마가 조금 더 ____________ 조용히 해야 돼. (주무시다)

23) 가: 성주 씨 동생이 그렇게 예뻐요?

나: 네, 하지만 얼굴은 ________________ 성격은 별로 좋지 않아요. (예쁘다)

24) 가: 요즘 미국 여행하는 사람이 많아요?

나: 아니요, 작년____________. 작년보다 달러가 많이 올랐거든요.

3. 제시된 표현을 순서대로 모두 사용해 한 문장으로 쓰십시오.

1) 산에 가다 / 비가 오다 / 그냥 집에 있다

➡ ____

2) 살을 빼다 / 매일 식단을 조절하다 / 운동을 하다

➡ ____

3) 유미 씨는 작년에 한국에 왔다 / 한국어를 잘하다 / 한국 음식을 잘 만들다

➡ ____

16~20과 복습

1. 다음 어휘를 사용하여 문장을 완성하십시오.

가뭄	위기	지혜	업적	회복
정성	댓글	호기심	고정관념	낳다
꼽다	권하다	대비하다	절약하다	성장하다
떠오르다	유출되다	개발되다	흥미롭다	알아맞히다

1) 내일 태풍이 온다고 해서 ______________ 있어요.

2) 한국의 경제가 꾸준히 ______________ 있어요.

3) 우리는 어려운 ______________을/를 극복해야 해요.

4) 물은 낭비해도 되는 것이 아니라 ______________ 하는 거예요.

5) 많은 연구자에 의해 인류를 위한 신상품이 ______________ 있어요.

6) 학교에 오는 길에 초등학교 친구를 만났는데 이름이 ______________ 않았어요.

7) 내가 문제를 낼 거니까 ______________ 보세요.

8) 비가 너무 적게 오면 ______________이/가 들어서 농사가 잘 안 돼요.

9) 선생님께서 방학 때 고향에 가지 말고 한국 여행을 많이 해 보라고 ______________
______________.

10) 개인 정보가 ______________ 것을 막아야 해요.

11) 방학이라서 도서관에 온 학생들이 손가락으로 ______________ 정도로 적었어요.

12) 내 친구가 인터넷에 올린 의견에 내가 ____________을/를 달았어요.

13) 에디슨은 어렸을 때부터 ____________이/가 많아서 질문이 많았다고 해요.

14) 조상들이 물려준 유산에는 조상들의 ____________이/가 있어요.

15) 남과 다른 새로운 일을 하려면 먼저 ____________을/를 버려야 해요.

16) 그 과학자는 많은 연구를 통해 훌륭한 ____________을/를 쌓았어요.

17) 아이들이 노는 모습을 보는 것이 ____________.

18) 많이 다쳐서 수술까지 했지만 지금은 많이 ____________이/가 되었어요.

19) 오늘 아침에 우리 집 개가 강아지를 ____________.

20) 사람들은 ____________이/가 들어간 선물을 받으면 감동을 받아요.

2. 다음 문형을 사용하여 문장을 완성하십시오.

N 같으면	N에 비해(서)	A/V-아/어 가지고	V-(으)ㄹ 정도로
N쟁이	V-는 바람에	비록 A/V-지만	하도 A/V-아/어서
A/V-기로는	A/V-아/어야	A/V-기 마련이다	N와/과 달리/다르게
불/부N하다	V-는 대로	V-(으)ㄹ까 말까 하다	아무리 A/V-아/어도
N말고	N만 아니면	A/V-아/어서 걱정이다	A/V-(으)ㄹ까 봐

1) 가: 어제 왕명 씨가 거짓말을 해서 기분이 나빴어요.

나: 왕명 씨는 나에게도 거짓말을 한 적이 있어요. 왕명 씨는 정말 ____________ ____________. **(거짓말)**

2) 가: 어제 티셔츠 샀어요?

나: 아니요. 하지만 ________________ 사고 싶어요. **(노란색)**

3) 가: 성주 씨는 왜 도서관에 안 가요?

나: 저는 ________________ 집이 더 편하거든요. (도서관)

4) 가: 어머! 이 케이크 뭐예요?

나: ______________ 제 정성을 담아 만든 케이크니까 맛있게 드셔 주세요. (작다)

5) 가: 너라면 이것과 저것 중에서 뭘 선택하겠어?

나: ________________ 저것을 선택하겠어. (나)

6) 가: 왜 학교에 지각했어요?

나: 죄송합니다. 늦잠을 ________________ 늦었습니다. (자다)

7) 가: 한국에서 어느 산이 가장 아름다워요?

나: ________________ 역시 설악산이 제일이지요? (아름답다)

8) 가: 오늘은 날씨가 너무 더워서 학교에 가기가 싫어요.

나: ________________ 학교는 가야지요. (덥다)

9) 가: 어제 본 시험 잘 봤어요?

나: 한국어 시험에서는 합격했지만 면접시험에서는 ______________했어요. (합격)

10) 가: 기말시험을 잘 봤어요?

나: 네, ________________ 아주 잘 본 편이에요. (중간시험)

11) 가: 영화가 그렇게 슬펐어요?

나: 네, 나도 모르게 눈물이 ________________ 슬펐어요. (나다)

12) 가: 내일이 시험인데 오늘도 술을 마실 거예요?

나: 그래서 저도 지금 술을 ________________. (마시다)

13) 가: 성주 씨에게 전화했어요?

나: 고향에 ________________ 전화할 거예요. (도착하다)

14) 가: ________________ 우산을 가지고 왔어요. **(비가 오다)**

나: 잘했어요. 저도 우산을 가지고 왔어요.

15) 가: 제 아들이 시험에 ________________. **(떨어지다)**

나: 너무 걱정하지 마세요. 다음에 더 좋은 성적으로 합격할 거예요.

16) 가: 유미 씨, 왜 이렇게 늦었어요?

나: 죄송해요. 길이 ________________ 늦었어요. **(막히다)**

17) 가: 이번 휴가는 바다로 갈까요?

나: ________________ 산으로 가요. **(바다)**

18) 가: 음식을 조금밖에 안 먹는데도 살이 안 빠져요.

나: 운동을 ________________ 살이 빠져요. **(하다)**

19) 가: 비행기 표 예매를 했어요?

나: 시험 때문에 ________________ 아직 못 했어요. **(바쁘다)**

20) 가: 요즘 유미 씨가 예뻐진 것 같아요.

나: 사랑을 하면 ________________. **(예뻐지다)**

3. 제시된 표현을 순서대로 모두 사용해 한 문장으로 쓰십시오.

1. 수업 시간에 선생님 말씀에 집중하다 / 좋은 성적을 받다 / 장학금을 받다

➡ ____

2. 1년에 감기 한 번 안 걸리다 / 건강하다 / 요즘 일을 많이 해서 쓰러지다

➡ ____

3. 내일 연주회가 있다 / 연주 도중에 실수하다 / 걱정이 되다

➡ ____

알기 쉽고 재미있는

중앙 한국어 워크북 3

하

정답지

11과 좋은 데 갔다 왔나 봐요

Ⅰ. 어휘 연습

1) 개그
2) 연예인
3) 결승전
4) 상금
5) 마감일
6) 개최했어요
7) 초청해요
8) 우두머리
9) 전야제
10) 해수욕장
11) 진흙
12) 출연했어요
13) 알려졌어요
14) 재능
15) 민속
16) 축제
17) 계승하는

Ⅱ. 문법과 표현

1. 1) 가려다가 2) 먹으려다가 3) 끓이려다가 4) 들으려다가 5) 퇴근하려다가

2. 1) 뭐니 뭐니 해도 맥주 2) 뭐니 뭐니 해도 비빔밥 3) 뭐니 뭐니 해도 휴식 4) 뭐니 뭐니 해도 막걸리에 부침개 5) 뭐니 뭐니 해도 한국 사람과 대화하는 것

3. 1) 자나 봐요 2) 보나 봐요 3) 비가 왔나 봐요 4) 밥을 먹었나 봐요 5) 중국말을 잘하나 봐요.

4. 1) 가는 길에 2) 오는 길에 3) 퇴근하는 길이야 4) 출근하는 길에 5) 돌아가는 길이에요

12과 얼마나 감명 깊게 읽었는지 몰라요

Ⅰ. 어휘 연습

1) 인상적 2) 다듬고 3) 유능한
4) 끝냈니 5) 흥미로워서 6) 운문 문학
7) 산문 문학 8) 소설 9) 수필
10) 희곡 11) 논설문 12) 운율
13) 설명문 14) 논리적 15) 서정적
16) 교훈 17) 읽을거리 18) 화제

Ⅱ. 문법과 표현

1. 1) 처음치고는 2) 중고치고는 3) 신입 회원치고는
4) 종합 대학치고는 5) 농구 선수치고는

2. 1) 영화감독이며 영화배우이다 2) 푸르며 공기가 맑다 3) 서정적이며 감동적이다
4) 커피를 마시며 공부를 했다. 5) 식사를 하시며 신문을 보셨다

3. 1) 얼마나 맛있는지 몰라요 2) 얼마나 불편한지 몰라요 3) 얼마나 창피한지 몰라요
4) 얼마나 아름다운지 몰라요 5) 얼마나 귀여운지 몰라요

4. 1) 아무 소리도 2) 아무 데도 3) 아무 약속도
4) 아무 말씀도 5) 아무 일도

13과 맞선이나 소개팅이나 모두 중매예요

Ⅰ. 어휘 연습

1) 설레서
2) 반했어요
3) 중매
4) 맞선, 소개팅
5) 외모
6) 매력
7) 떨렸어요
8) 실연
9) 궁합
10) 안색
11) 고백했어요
12) 어색해요
13) 주선자
14) 배우자
15) 뽐냈어요
16) 오히려

Ⅱ. 문법과 표현

1. 1) 버스나 지하철이나 2) 남성이나 여성이나 3) 술이나 담배나
   4) 짜장면이나 짬뽕이나 5) 축구나 농구나

2. 1) 가려면 2) 하려면 3) 되려면
   4) 합격하려면 5) 사려면

3. 1) 예매해 놓았어요 2) 주문해 놓았어 3) 맡겨 놓았어요
   4) 사 놓았어요 5) 준비해 놓았어요

4. 1) 좋은 것은 당연해요 2) 가는 것은 당연해요 3) 짠 것은 당연해요
   4) 고픈 것은 당연해요 5) 주무시는 것은 당연하지요

14과 더 많이 알려 주세요

Ⅰ. 어휘 연습

1) 가족주의　2) 수명　3) 어르신　4) 양보해야　5) 직함
6) 별명　7) 호칭　8) 신체　9) 조부모　10) 집합
11) 적응해서　12) 시아버지　13) 시어머니　14) 시누이　15) 외삼촌
16) 장모님, 장인어른　17) 장수　18) 시집온, 다문화 센터

Ⅱ. 문법과 표현

1. 1) 취소시켜　2) 오염시키　3) 이해시키　4) 운동시키　5) 청소시키셨어

2. 1) 보여　2) 늦춥시다 / 늦춰요　3) 입히세요 / 입혀요
4) 붙이세요 / 붙여요　5) 울리지

3. 1) 예쁠 뿐만 아니라　2) 재미있을 뿐만 아니라　3) 의사 선생님일 뿐만 아니라
4) 추워질 뿐만 아니라　5) 맛있을 뿐만 아니라

4. 1) 쉬게　2) 싸우지 않게　3) 떨리지 않게
4) 믿게　5) 시집오게

☑ 사동사 연습

1) 보여　2) 먹였어요　3) 붙였어요　4) 죽였어요　5) 끓였어요
6) 읽혔어요　7) 앉혔어요　8) 익혀서　9) 넓히　10) 입히
11) 알려　12) 살렸어요　13) 울렸어요　14) 맡겼어요　15) 웃겨요
16) 씻겨요　17) 남겼어요　18) 벗겼어요　19) 신겼어요　20) 감겼어요
21) 세우　22) 태우　23) 비우　24) 깨워　25) 재우
26) 늦췄어요

15과 빠른 것이 느린 것만 못할 때도 있어요

Ⅰ. 어휘 연습

1) 개인, 집단
2) 속도, 이루었어요
3) 단일 민족, 국제결혼, 거부감
4) 독신
5) 친척
6) 부정적, 경쟁력, 긍정적
7) 원인
8) 여유
9) 관습
10) 디지털
11) 들어요
12) 지나치게

Ⅱ. 문법과 표현

1. 1) 정리되면
2) 연기해
3) 결정하는
4) 개최되어서
5) 선택되어서

2. 1) 주무시도록
2) 좋아하도록
3) 합격하도록
4) 화내지 않도록
5) 있도록

3. 1) 큰 반면에
2) 추는 반면에
3) 천재인 반면에
4) 잘하는 반면에
5) 본 반면에

4. 1) 소주만 못해요
2) 한국어만 못해요
3) 남자 친구만 해요
4) 중간시험만 해요
5) 동생만 못해요

16과 다른 나라에 비해 아주 빠른 경제 성장을 이루었어요

Ⅰ. 어휘 연습

1) 분석했어요 2) 불경기 3) 서민
4) 임무 5) 기업 6) 대비해야
7) 실업률 8) 경영 9) 파괴하고
10) 임금 11) 넘겨야 12) 수출
13) 성장 14) 손해 15) 위기
16) 실감했어요 17) 이익

Ⅱ. 문법과 표현

1. 1) 변덕쟁이 2) 욕심쟁이 3) 수다쟁이
4) 고집쟁이 5) 거짓말쟁이

2. 1) 한국어능력시험만 아니면 2) 위치만 아니면 3) 회의만 아니면
4) 숙제만 아니면 5) 가격만 아니면

3. 1) 지난주에 비해 2) 동생에 비해 3) 작년에 비해
4) 서울에 비해 5) 나이에 비해

4. 1) 비록 가난하지만 2) 비록 작지만 3) 비록 못 만나지만
4) 비록 살쪘지만 5) 비록 연습생이지만

17과 물은 아무리 써도 계속 나온다고 생각했어요

Ⅰ. 어휘 연습

1) 온천수 2) 위협했어요 3) 떠오르지 4) 폐수
5) 알아맞혀 6) 수증기 7) 합성 세제 8) 생활 하수
9) 개발된 10) 틀어 11) 레포츠 12) 주장
13) 홍수 14) 산성비 15) 절약해야 16) 가뭄

Ⅱ. 문법과 표현

1. 1) 금요일 같으면 2) 여름 같으면
3) 평소 같으면, 시험 기간 같으면 4) 한국어 선생님 같으면
5) 낮 같으면

2. 1) 나오는 바람에 2) 내는 바람에
3) 새우는 바람에 4) 떠드는 바람에
5) 일어나는 바람에

3. 1) 똑똑하기로는 2) 맛있기로는
3) 잘하기로는 4) 결석하기로는
5) 친절하기로는

4. 1) 아무리 먹어도 2) 아무리 맛없어도
3) 아무리 자식이라도 4) 아무리 멋있어도
5) 아무리 웃겨도

18과 손가락으로 꼽을 정도로 적어요

Ⅰ. 어휘 연습

1) 발송자 2) 무선 3) 댓글
4) 네티즌 / 누리꾼 5) 관리해요 6) 공개
7) 익명 8) 달아 9) 악플
10) 꼽겠니 11) 권해 12) 검색창
13) 유출되어서 14) 검색해 15) 스팸 메일
16) 온라인, 오프라인 17) 처벌 18) 악용해

Ⅱ. 문법과 표현

1. 1) 불안정 2) 불필요 3) 부자연
4) 불경기 5) 부적응

2. 1) 말하기와 달리 2) 한국과 달리 3) 보기와 달리
4) 보통 한국 남자와 달리 5) 사전과 달리

3. 1) 통역할 정도로 2) 방해가 될 정도로 3) 이야기할 정도로
4) 입원할 정도로 5) 자살할 정도로

4. 1) 헤어질까 말까 해요 2) 참석할까 말까 해요 3) 먹을까 말까 해요
4) 운동할까 말까 해요 5) 탈까 말까 해요

19과 한국어를 배우기 어려울까 봐 만드신 거예요

Ⅰ. 어휘 연습

1) 계기　2) 발견했어요　3) 발명품
4) 호기심　5) 설계했어요　6) 위대한
7) 원리　8) 생애　9) 천재
10) 발명가　11) 고정관념　12) 독창적
13) 지혜　14) 나침반　15) 업적
16) 널리　17) 실험하는

Ⅱ. 문법과 표현

1. 1) 팔리는 대로　2) 끝나는 대로　3) 가는 대로
   4) 오는 대로　5) 나오는 대로

2. 1) 눈이 올까 봐　2) 지각할까 봐　3) 살이 찔까 봐
   4) 아플까 봐　5) 싫어할까 봐

3. 1) 비가 안 와서 걱정이에요　2) 우울해해서 걱정이에요　3) 홍수가 나서 걱정이에요
   4) 병이 들어서 걱정이에요　5) 안 나와서 걱정이에요

4. 1) 하도 떠들어서　2) 하도 말을 안 들어서　3) 하도 더워서
   4) 하도 화창해서　5) 하도 멀어서

20과 꼭 말로 해야 아는구나

Ⅰ. 어휘 연습

가. 1) 병원, 의사, 학문 – 의학
2) 한 살, 청진기, 돈, 마우스, 축구공 – 돌잡이
3) 봄, 젊음 – 청춘
4) 회갑, 61세, 중요한 생일 – 환갑
5) 행운, 불운, 미래 – 점치다
6) 아기를 낳은 엄마, 산부인과 – 산모

나. 1) 회복
2) 출력

Ⅱ. 문법과 표현

1. 1) 빵 말고 2) 댄스 음악 말고 3) 액션 영화 말고
4) 등산 말고 5) 탁구 말고

2. 1) 잘해야 2) 가야, 가야 3) 일어나야
4) 있어야 5) 따뜻해야

3. 1) 과식해 가지고 2) 예뻐 가지고 3) 안 해 가지고
4) 아파 가지고 5) 팔려 가지고

4. 1) 유급하기 마련이에요 2) 낭비하기 마련이에요 3) 살이 찌기 마련이에요
4) 예뻐지기 마련이에요 5) 쓰러지기 마련이에요

11과~15과 복습

1\. 1) 마감일 2) 초청했어요 3) 출연해요 4) 알려졌어요
5) 화제 6) 다듬었어요 7) 떨려요 8) 오히려
9) 어색해요 10) 반했어요 11) 맞선 12) 수명
13) 양보 14) 별명 15) 시집오는 16) 시어머니
17) 이루 18) 거부감 19) 경쟁력 20) 독신
21) 부정적 22) 지나친 23) 들었어요 24) 속도
25) 집단

2\. 1) 가려다가 2) 뭐니 뭐니 해도 3) 했나 봐요 4) 퇴근하는 길에
5) 가는 길이에요 6) 치고는 7) 눈물을 흘리며 8) 가수이며
9) 얼마나 재미있는지 몰라요 10) 아무 것도 11) 산이나 바다나
12) 도착하려면 13) 꺼 놓았어요 14) 피곤한 것은 당연해요
15) 취소시킵시다 16) 보여 17) 남기면 18) 익혀야
19) 없을 뿐만 아니라 20) 쉬게 해 21) 되었으면 22) 주무시도록
23) 예쁜 반면에 24) 만 못해요

3\. 1) 산에 가려다가 비가 와서 그냥 집에 있었어요.
2) 살을 빼려면 매일 식단을 조절하고 운동을 하세요.
3) 유미 씨는 작년에 한국에 왔는데 한국어를 잘할 뿐만 아니라 한국 음식을 잘 만들어요.

16과~20과 복습

1. 1) 대비하고 2) 성장하고 3) 위기 4) 절약해야
5) 개발되고 6) 떠오르지 7) 알아맞혀 8) 가뭄
9) 권하셨어요 10) 유출되는 11) 꼽을 12) 댓글
13) 호기심 14) 지혜 15) 고정관념 16) 업적
17) 흥미로워요 18) 회복 19) 낳았어요 20) 정성

2. 1) 거짓말쟁이예요 2) 노란색만 아니면
3) 도서관에 비해서 4) 비록 작지만
5) 나 같으면 6) 자는 바람에
7) 아름답기로는 8) 아무리 더워도
9) 불합격 10) 중간시험과 달리
11) 날 정도로 12) 마실까 말까 해요
13) 도착하는 대로 14) 비가 올까 봐
15) 떨어져서 걱정이에요 16) 하도 막혀서
17) 바다 말고 18) 해야
19) 바빠 가지고 20) 예뻐지기 마련이에요

3. 1) 수업 시간에 선생님 말씀에 집중해야 좋은 성적을 받아서 장학금을 받는다.
2) 1년에 감기 한 번 안 걸릴 정도로 건강했는데 요즘 일을 많이 해서 쓰러졌다.
3) 내일 연주회가 있는데 연주 도중에 실수할까 봐 걱정이 된다.